Henriettes Jahr

Ein satirisches Tagebuch

Einige Dutzend fast nachdenkliche, teils satirische
Abhandlungen zum Zeitgeschehen
von Advent zu Advent der Jahre 2014-2015

Gesammelt im Zeitraum
November 2014 – Dezember 2015

herausgegeben von www.echtwerk.de
1. Auflage: Januar 2015

Herstellung und Verlag: BoD - Books on Demand, *Norderstedt*

ISBN 9 783739 218779

Vorwort

Friedrich Schiller schrieb im Jahr 1795: "In der Satyre wird die Wirklichkeit als Mangel dem Ideal als der höchsten Realität gegenübergestellt." Noch kämpferischer formulierte Tucholsky: "Der Satiriker ist ein gekränkter Idealist: Er will die Welt gut haben, sie ist schlecht, und nun rennt er gegen das Schlechte an." Also: Satire ist in erster Linie gegen etwas gerichtet, und zwar gegen eine als fehlerhaft und schlecht empfundene Wirklichkeit in Form von Personen, Institutionen und Geisteshaltungen. Diese werden kritisch mit einem Ideal verglichen, dem sie nicht entsprechen. Der ironische Humor, mit dem dies oft geschieht, ist dabei nur ein Vehikel, das ohne den kritischen Anspruch der Satire zu reiner Komik bzw. Comedy verkommt. Frei nach Dieter Hildebrand lautet die zentrale Frage dabei: Wer ist der Feind? Oder: Wer ist verantwortlich für unhaltbare Zustände und warum? Das ist natürlich eine Frage des individuellen idealistischen Standpunkts.

In diesem Sinne verfälsche ich hier bewusst die Wahrheit und fokussiere die Schwächen des Feindes. Die Stärken werden vermieden. Die Quellen sind nicht immer klar. Was gesagt, geschrieben wird soll wehtun. Schmerzen.

Sonst ändert sich nichts.

Die in diesem Büchlein geschilderten Eindrücke, die ganz spontan in der Stille des November des Jahres 2014 beginnen und über das Jahr 2015 bis zum Silvesterereignis in Köln gesammelt wurden sind Wahrnehmungen einer einzelnen Person und spiegeln sicher nicht das allgemeine Wohlgefühl, welches die deutsche Gesellschaft derzeit prägt wider. Insofern sind diese Gedanken frei und nehmen auch nicht auf jedem x-beliebigen Sofa Platz.

Viel Spass.

6. November 2014:

„Neues aus dem Regierungsviertel": Merkel und Erzengel Gabriel beschließen Weihnachts-Konjunkturprogramm 2014

Angesichts der aktuell wenig stimmungsvollen Nachrichten aus dem Institut der Deutschen Wirtschaft nach dem Motto: „Der deutsche Aufschwungmotor stottert, die Wachstumsaussichten für die deutsche Wirtschaft haben sich merklich eingetrübt…", der supergeilen Idee von Bundesarbeitsministerin Nanni Nahles (SPD) gegen die stagnierende Zahl von Langzeitarbeitslosen mit einem 100%igen Lohnkosten-Zuschuss vorzugehen, der entsprechend zu erwartenden Seufzer unseres knauserigen deutschen Kassenwartes Dr. Schäuble (CDU) sowie der irrwitzigen und wenig Vertrauen erweckenden Politik der Notenbanker rund um den Globus sowie der zuletzt genauso genialen wie irren Idee von Jim O'Neill, früher Investment-Chef bei America´s Goldman Sachs, zur Euro-Rettung, der wie ein schlechter Scherz klingt: „Deutsche sollen ihre Sparsamkeit mit Extra-Steuern bezahlen, die direkt nach Italien und Spanien fließen…", hat sich unsere Mutti mit Ihrem Erzengel Gabriel heute Nachmittag auf ein schnell wirksames Konjunkturprogramm geeinigt, dass dem Verbraucher einmal mehr deutlichen Mehrwert verspricht, ohne dass er bemerken soll, wie er die schlecht schmeckende Suppe auslöffeln muss.

Die famose Idee, die ab morgen unmittelbar per Notstands-Gesetz in Kraft treten soll, soweit die Kirchenfürsten nicht bis heute Mitternacht dagegen protestieren und die Lokführer im Güterverkehr spätestens am Samstag wieder ihren Dienst antreten:

Die Adventszeit beginnt am kommenden Sonntag!

Sämtliche Weihnachtsmärkte der Republik werden ab Samstag, den 9.11.2014 eröffnet. Die Haltbarkeitsdaten für Kerzen und Weihnachtsgrün sowie Weihnachtssterne werden aus hygienischen Gründen auf 2 Wochen begrenzt. Die Weihnachtskranz- und Kerzenindustrie und die Einkaufsgemeinschaft deutscher Tannenbaum-händler hat die Initiative bereits ausdrücklich begrüßt. Zum gleichen Zeitpunkt wird eine zeitlich befristete Glühwein- und Punschsteuer in Höhe von 18% und ein Weihnachtsmarktvergnügungs-zuschlag von 3 € pro Einwohner erhoben und die Schankhilfen an den Ständen zu 100% von den Arbeitsämtern bezuschusst. Die Finanzämter haben in vorauseilendem Gehorsam ihrem obersten Dienstherrn Wolfgang Schäuble unmittelbar ihre Unterstützung zugesagt.

Die Bundesregierung erhofft sich von diesem Programm eine deutliche Belebung der Nachfrage nach unnützen Weihnachtsgeschenken, entsprechender Belebung des notleidenden Handels, einer deutlichen Mehrwertsteuermehreinnahme in Milliardenhöhe zur weiteren Unterstützung der Süd-Euro-Zone und einer weiterhin garantiert stabilen Feierlaune des deutschen Volkes.

Damit im Privathaushalt und im Firmengebäude alles rundherum stylish und trendgerecht umgesetzt perfekt in Szene gesetzt werden kann, haben namhafte Designer bereits die ersten Modelle siebenkerziger Weihnachtskränze vorgestellt. Erste Eisenschmieden, Töpfereien und Gärtnereien haben bereits auf Vorrat produziert. Die Bezugsquellen werden morgen vom Bundeswirtschaftsministerium (www.BMWI.Weinachten7.de) veröffentlicht.

Wie aus gut unterrichteten Kreisen verlautet, wird dieser Plan aber konsequent weiter gedacht. Spätestens bis zum Jahr 2020 ist an eine Ausdehnung der Adventszeit auf bis zu 12 Wochen vorgesehen. Die entsprechenden Adventskranzmodelle sind bereits fertig gestellt.

Bedauerlich ist allerdings, dass sich Mutti und ihr Erzengel noch nicht mit den Schöpfern des neuen Designs abbilden lassen wollten. Wir vermuten urheberrechtliche Streitigkeiten mit dem Stardesigner Herrn Heribert Kollanus.

8. November 2014

Endlich fliegt etwas über Berlin

Die Feierlichkeiten zum Tag der deutsch deutschen Befreiung am 9. November kommen langsam aber sicher richtig in Fahrt. Dazu passt die Bummelarie der privatisierten Deutschen Bundesbahn nun überhaupt nicht. Aber gegen die andauernde Feierlaune der verwöhnten Bevölkerung kommt selbst die Gewerkschaft der Lokis schließlich nicht mehr an und stellt in Aussicht, das feierlustige Volk wieder von A nach Berlin zu fahren, in der Hoffnung der versammelte Volkszorn möge sich wieder verflüchtigen. Denn eins ist ganz schlimm: Nicht pünktlich anzukommen beim Fußballspiel, der Geigerpartie von David Garret oder bei der Nationalparty unterm Brandenburger Tor, an der Bornholmer Straße oder sonst wo in „the sexiest town on earth".

Gewerkschaftsboss Weselsky fühlt sich von seiner Ex als Diktator beschimpft und gleichzeitig aus lauter Vaterlandsliebe mit einer sentimentalen Träne im Auge dazu gezwungen alle Lokführer unverzüglich wieder zu mobilisieren, weil selbst wenn die Piloten nicht streiken, immer noch nicht alle die wollten mit Flugzeugen nach Berlin kommen könnten. Die dafür Verantwortlichen, diese fähigen und unbestechlichen Köpfe aus Aufsichtsräten, Vorständen, Generalplanstäben und Projektleitungen müssen aber nun endlich einmal Buße tun. Dieser total unwiderstehliche und wahrscheinlich deswegen so genannte „regierende" Bürgermeister hat sie nämlich zu einem kollektivem Arbeitseinsatz an die Front geladen und hat nun von jedem verlangt, der seine Kohle mit diesem Fluchhafendesaster, welches am Ende wahrscheinlich mit mehr als 6 Milliarden Euro die Hälfte der jährlichen Griechenlandhilfen erreichen wird, verdient hat mitzuhelfen die 8000 Gasballons aufzublasen, zu beleuchten und entlang der alten Mauerlinie aufzustellen.

Wowereits Plan ist noch geheim. Aber eines wissen wir schon jetzt: Am Abend des 9. November wird er schon mal diese 8000 beleuchteten Ballons in den Himmel schicken symbol- und öffentlichkeitswirksam anstelle der 360.000 Flugbewegungen, die für die Endausbaustufe im Jahr 2023 geplant waren. Die Pressemeldung „Erste Flugbewegungen über Berlin Brandenburg" für Montag ist schon schön gedruckt und die Fotos werden staunende Kindergesichter, himmelwärts gerichtet, zeigen. Alle Mitbewohner haben heute wieder eingekauft was das Zeug hält. Unsere lieben Berliner Mitbürger werden mit jeder Menge Champagnerkorken für zusätzliche Flugbewegungen sorgen.

Bussi, bussi Wowi. Du bist und bleibst unser liebster Partylöwe!

11. November 2014

Wandern & Wundern

Es war einer dieser seltenen Tage, an dem ich zeitgleich mit meinem Hauspantoffel frei hatte. Die Tochter auf Klassenfahrt. So eine Art Kurz-Urlaub also. Demnach schliefen wir einmal aus, frühstückten spät gemeinsam mit unserer Henne Carla, die wieder zuverlässig ein frisches Bio-Ei in unser Zeitungsfach gelegt hatte. Die gesunde Frühmorgenkörnervitaminmahlzeit aus eigenem Terrassenanbau mit der frischen Kuhmilch vom Bio-Bauern nebenan schmeckte wie immer: nicht aufregend, aber wir hatten wieder dieses beruhigend gute Gesundheitswissen und fühlten uns danach auch schon extrem unternehmungsfreudig. So fragten wir uns, was wir Sinnvolles mit diesem Tag anfangen könnten, ohne allzu sehr mit den großen Strömen in irgendeine Konsumlandschaft mitgerissen zu werden. Wir entschieden uns für einen Wandertag, holten unsere angestaubten Trekkingschuhe mit orthopädischen Fussbett aus dem Kellerregal und fanden uns 30 Minuten später am Mittelgebirgs-Wanderparkplatz wieder. Ein schöner und seltener Anblick war, dass unser Autole so ganz allein auf dem großen Parkplatz den Eindruck eines sehr besonderen Gefährts machte. Vor allem ganz individuell auf ein schattiges Plätzchen eingeparkt wirkte das nicht real. Irgendwie wie im Werbespot.

Wir schnürten die Schuhe, statteten unseren uralten Hund mit einem GPS-Halsband aus, falls der vor lauter Bäumen den Wald nicht mehr sehen sollte. Wir wollen ihn ja nicht verlieren. Hat die Gesundheit erhaltende vegane Kost, die ich ihm seit 16 Jahren zukommen lasse, ja nun doch schon ein Vermögen gekostet. Dann werden unsere i-5´s noch kurz mit den wichtigsten physiologischen Daten gefüttert, Schrittzähler aktiviert, Standort verpeilt, damit auch wir im Falle des Falles wiedergefunden werden und los geht´s. Nachdem wir uns ein wenig frei gelaufen haben auf der steinig-wurzeligen Direttissima zum Mittelgebirgsgipfel, die 1785 schon der alte Goethe ohne Smartphone gelaufen sein soll und kurz nach ihm der weltberühmte oberfränkische Dichter Jean-Paul ebenfalls ohne elektronische Helferlein, fragen wir uns wie das wohl gelungen ist. Dann fällt uns auf, dass uns niemand begegnet. Natürlich stellen wir uns die Frage, wie das wohl sein kann in Zeiten ungeheuren Freistunden- und Urlaubs-aufkommens; noch dazu an einem solch klaren aufgeräumten und herbstlich milden Dienstag.

Ich: „Heute ist Dienstag. Diensttag. Arbeitstag". Ulfi: „Die Lokis sind schuld, alles verzögert, auch der vorgezogene Wochenendspaziergang, Arbeit will nachgeholt werden". Ich: „Kein Netz. Kein W-LAN. Kein GPS hier. Da fühlt man sich nicht sicher genug, ob man den Weg auch findet. Ich kann auch nix posten von hier!". Ulfi: „Quatsch, der Söder, der Heimatminister hat´s doch schon persönlich installiert". Wir stapfen ratlos weiter. Einige Felsbrocken weiter oben, nachdem wir die Quelle eines der wichtigen Nebenflüsse vom Vater Rhein passiert haben, fällt's mir dann endlich ein: „Mensch Ulfi! Heute ist doch Start in die Jeckenzeit. 11.11. Die Karnevalisten kommen nicht zum Berg". Er: „Klar. Das ist der erste Tag wo sich alle schon wieder küssen müssen. Da fehlt uns Volk für's Wandern der Sinn, denn da kommt der Berg zum Propheten". „Wie schön, ich hatte schon befürchtet, dass uns nach dem Mauerfallfeiertag die Gründe zum Feiern ausgehen bis Weihnachten."

So ganz zufrieden mit dieser Erklärung machten wir uns nun weiter zu schaffen an dem Aufstieg. Kurz vor dem Gipfel ein Abstecher zum Goethe'schen Aussichtspunkt von 1785. Weiter Blick in die von Frühnebelwolken verhangenen Fichtenmonotonien. Fragt mich mein Begleiter, ob ich mir denn vorstellen könne, was der alte Wolfgang hier wohl gesehen haben will außer Landschaft. Kaum Häuser. Keine Funkmasten. Keine Braunkohlekraftswerkstürme. Keine Firmenzentralenhochhäuser. Keine Autobahnen. Keine Windräder. Keine Monsterstromtrassen. Muss das aber langweilig gewesen sein. Und so lebensfeindlich. Achselzuckend suche ich das Weite, den Gipfel und das Ziel meiner Wanderschaft, die Gipfelklause, in der es neuerdings nach dem Besuch der TV-Superköche ganz biologisch einwandfreien zwei-Sterne-Salat statt Wienerle geben soll. Die Tür zum Aussichtsturm ist vielversprechend weit geöffnet. Die Tür zum Restaurant jedoch geschlossen. Davor das Schild: *Bevor die Skisaison beginnt, machen wir mal Urlaub. Bis Bald.* Da tröstet auch nicht, dass 1761 einmal der Gelehrte Cassini mit einem Schwager von Fritz II. hier weilte.

Nun die Moral von der Geschicht: Gibt es dort zu Essen nix, geht niemand auf den Berg mal fix.

15. November 2014

Meine Stadt wird geliebt

Eine aktuelle Studie belegt: Meine Stadt ist eine der beliebtesten Städte Deutschlands. Eine beliebtere Stadt in Deutschland gibt es wohl nicht. 50 Bewohner der Stadt wurden durch den der christlich-liberalen Connection wohl gesinnten Redakteur einer heimischen Zeitung repräsentativ befragt. Meine Mitbürger leben lieber in meiner Stadt als in der nächstgelegenen, ja sogar lieber als in Berlin, im Venedig Bayerns oder einem bekannt idyllischen Plätzchen am Bodensee. Dabei handelt es sich vorwiegend um die hier zahlreich tätigen und dienstbeflissenen Beamten und Angestellten der zahlreichen Behörden und Hochschuleinrichtungen, die über ausreichenden Parkraum an ihrem Arbeitsplatz nicht klagen müssen, stets pünktlich Feierabend machen und regelmäßig ihre geschundenen Körper in den umliegenden, wohltemperierten Bädern pflegen können. Demnächst kommt ein Badesee für den Sommer, dessen Finanzierung ebenso wie die einiger anderer Leuchtturm-Projekte des Ex-Oberbürgermeisters ganz im Stile von Partymeister Wowereit bis heute ungeklärt ist, hinzu.

Das mit dem Weltkulturerbe hat sich auch noch nicht wie beabsichtigt herumgesprochen. Von dem leider ehemaligen Ex-Fraktionschef der Landes-FDP oder von dem - von der Mehrheit anscheinend bedauerten - leider abgewählten Oberbürgermeister hat noch niemand außerhalb der Stadt etwas gehört. Selbst in dessen Heimatstadt am Rhein nicht.

Deshalb legt der jetzt mit einem alten StudienkollegenInnen alte Platten für die wahlberechtigten Studenten am Weihnachtsmarkt auf. Hätte der Herr Redakteur diese Umfrage 1938 gemacht, wäre das Ergebnis vermutlich ganz anders ausgefallen, denn die Richard-Wagner-Festspiele waren im Internet noch lange nicht so nachgefragt wie heute, keine Studenten dafür einige andere sehr unangenehme Zeitgenossen zogen durch die Straßen, die Menschen badeten noch in der Zinkbadewanne und der „Diskjockey" war noch nicht geboren.

Trotzdem lieben alle meine Stadt. Das ist für alle Bewohner ein ungewohnter Zustand, denn die Stadt ist eigentlich nicht dazu da, geliebt zu werden, meine Stadt will auch gar nicht geliebt werden. Man kann meine Stadt bewundern, bestaunen, oder Vorhof zur Hölle bezeichnen, aber Zuneigung oder gar Liebe ist uns allen hier total unheimlich. Meine Stadtgenossen glauben nämlich, Oberbayern, Rheinländer oder auch Holsteiner tun nur so, als ob sie diese Stadt mögen, damit wir sie rein lassen. Haben Sie damit vielleicht Recht?

17. November 2014

Mehrheitsbildung

Eine Mehrheit. Was ist das? Eine gute Frage. Nicht wahr?

In der Regel und nach demokratischer Auffassung ist eine Mehrheit bei mehr als 50% Zubilligung für eine Stellungnahme, Position, Meinung, Konzeption, was auch immer der jeweiligen wahlberechtigten Bevölkerung erreicht. Dann müssen die, die nur 49,9 % erreicht haben erst mal still sein, sich irgendwie einbringen und überlegen wie sie an die anderen 0,2 % der Stimmen gelangen können. Bei all dem wollen wir die Beantwortung der Frage, wer überhaupt wahlberechtigt sein kann, hier mal ganz basisdemokratisch nicht sinnieren. Das überlassen wir ja seit einiger Zeit der FDP.

In Deutschland gehen wir von einer Wählermasse von ca. 62 Millionen Kreuzlemachern aus. Die Wahlbeteiligung in der „alten Bundesrepublik" lag bis 1989 noch regelmäßig und beständig bei über 80%. Seit 2002 und damit quasi mit der Machtübergabe von Kohl auf Merkel mit den nachfolgenden diversen „Wir-haben-jetzt-das-ist-ohne-Alternative-Sagen-und-die-Rente-sicher-Koalitionen" ist die Wahlbeteiligung bei Bundestagswahlen nachhaltig auf ein kleines bisschen über 70% zurückgegangen. Was eigentlich hieße: eine breite und nachhaltige Zustimmung für eine politische Partei bzw. Richtung, Koalition läge bei weit über 60%. Die beiden größten Parteien der verschmolzenen Mitte vereinen seit der Bundestagswahl 2013 nun noch gerade 59,8%. Das mutet nun doch schon ziemlich eng an, fast italienisch. Was tröstet ist allerdings, dass es in den Länder- und Kommunalparlamenten, den Fußball- und Kleingartenvereinen der Nation alles aber noch viel schlimmer aussieht. Die schlauen Journalisten beschreiben diesen, die Demokratie gefährdenden Zustand mit dem netten Wort „Politikverdrossenheit". Hört sich niedlich an, meint aber in der synonymen Übersetzung nach Duden nichts anderes als: Ärger, Frustration, Groll, Rage, Ungemach, Unlust, Unmut, Unzufriedenheit, Verbitterung, Verdruss, Verstimmung, Wut, Zorn. Jede Menge negativ besetzte Begriffe also und irgendwie gar nicht mehr niedlich. Ob unsere Oberphysikerin und unser Oberpfarrer das wohl checken bei dem ganzen Reisestress?

Gehen wir also nicht mehr so richtig motiviert zur Wahlurne, weil wir verärgert sind, frustriert, grollig oder sonst was? Dafür gehen wir dann kollektiv zum Fußball oder schauen das 11 gegen 11 Spektakel im Fernsehen an. 7 Millionen Mitglieder hat alleine der DFB, ca. 4 Mio. Haushalte (!) halten sich das Sky Abo für Bundes-, Champignon- und Weltmeisterliga, um dieses Welt bewegende Geschehen von 22 Männern, die dem Ball nachjagen, den neuen Gladiatoren, Lorbeerkranz-

und Eisenkreuzträgern zu verfolgen. Dazu kommt Frau Helene Fischer, die den elf Freunden ein Ständchen bringt und dieser beglückende Geiger mit dem urdeutschen Künstlernamen Garret oder so ähnlich. Und unsere Landesväter und - Muttis folgen dem Verdikt der Dekadenz und besuchen jedes PR-trächtige Spiel, folgen den lieben Balltretern über jeden roten Teppich, nehmen Sie mit auf den Platz des himmlischen Friedens und lassen sich dort fast festnehmen. Oder zelebrieren ganz EU like „PePe honors Carreras". Am liebsten natürlich nach dem großen Siege irgendeiner Eurogetränkten Salatschüssel.

Und sie folgen wohl damit wohl nur einer ganz, ganz simplen Politikarithmetik:

4 Mio. Skyhaushalte * 3 Fußballfans + 1,4 Mio

Fischerfans + 0,1 Mio. Garrett-Fans + 0,7 Mio.

Landwirte aus Bayern und Niedersachsen + 50 tsd.

Persönliche Uli Höneß Fans + 50 tsd.

Wechselwähler = 14,3 Millionen Stimmen für

CDU/CSU = Bundestagswahlergebnis der CDU/CSU.

Cool.

Erkenntnis des Tages:

Du Held der Politik von heuer

halt fest den Pokal in Deiner Hand

denn nichts ist wichtiger in Deinem Land.

Drum achte auf den nächsten Pass und auf die Steuer.

Der Rest ist Show.

Und Taktik.

27. November 2014

Bargeld lacht nicht mehr?

Da ist nun dieser Signore Draghi seit einiger Zeit dabei unserem Ersparten einen lange ersehnten Wunsch zu erfüllen. Nämlich es umzubetten von der dauernden Schlechtwetterfront an die warmen Strände des Mittelmeeres. Zusammen mit diesen mysteriösen Herren van Rompoi und Juncker hat er das salamitaktisch bisher zu seinem Leidwesen nur im Schneckentempo geschafft. Jetzt will er aber wirklich Gas geben, damit der Euro endlich wieder das Währungsniveau der italienischen Lire von 1988 erreichen kann. Wir erinnern uns: wir bekamen damals für eine Mark so ungefähr 1000 niedliche Lire. Denn erst dann wird die Südeuropäische Sphäre unseres Währungsraums wieder international wettbewerbsfähig sein. Und wir kaufen dann endlich wieder FIATs.

Damit das gelingt, hat er sich wieder mal von amerikanischen Geldverbrennern einen guten Tipp geholt und bereitet die umfassendste Reform des Geldwesens seit Johannes Gutenberg vor. Bereits im Weihnachtsgeschäft 2016 werden wir das letzte Mal die Möglichkeit haben, unsere Weihnachtsgeschenke und unseren Glühwein bar zu bezahlen. Wir werfen wehmütig die letzten Münzen und Scheine in die Kassen der vom Aussterben bedrohten fliegenden Händler ohne

EC-Cash-Bezahlsystem. Es beginnt das von den Computerhändlern herbeigesehnte Zeitalter des bargeldfreien Miß-Wirtschaftens. Geld ist dann endlich echt virtuell.

Unserer Bundesmutti und ihrer Freundin Rentner-Nanni hat er sein Programm schon schön schmackhaft gemacht. Er weiss ja, die hören lieber auf Herrn Draghi als auf ihre eigenen Weisen oder gar auf die eigene Bundesbank.

Denn es hört sich so verlockend an: Kein seniler Rentner hält an der Edeka-Kasse auf der Suche nach dem letzten Cent mehr kostenhemmend den Warenfluss auf, Banküberfälle mit Geiselnahme sind Geschichte. Auch für die lieben Eltern unserer lieben Kleinen hat das etwas Positives: die leidigen Diskussionen um das Taschengeld sind endlich vorbei. Auch die Attraktivität unserer Fußgängerzonen verbessert sich; nur noch solche Bettler und Wegelagerer, die ihren Hut nun auch mit einem Fingertipp-Sensor und Bankschaltung ausgestattet haben, werden noch in den geheizten Kaufhauseingängen gesichtet. Wenn Uli Höneß endlich das Gefängnis als freier Mann verlässt, wird es auch die Verlockung des Schwarzgelds nicht mehr geben. Besonders für die Bundesminister Finanzen und Innen eine absolute win-win-Situation: Nicht nur die Silber- und Kupferreserven der Stabilitätsanker-Republik steigen in schwindelerregende Höhen. Vor allem entfallen die immensen Kosten für Druck, Inverkehrbringung, Lagerung, Entsorgung und

Verwaltung der Millionen Scheinchen und Münzen alljährlich. Eine unübersehbare Anzahl von Beamten der Bundesdruckerei und der Bundesbank sowie das Sicherheitspersonal der zahlreichen Geldtransportfirmen werden so freigesetzt und können der chronisch unterbesetzten Polizei des Landes zugeordnet werden, um uns alle vor bösen Dieben unseres letzten gebunkerten Bargelds, der letzten DM-Bestände und unserer fingerprintgesicherten Mobiltelefone beschützen.

Warum mehr Sicherheit für uns alle und versuchungsfreie Bewährungszeit für den lieben Uli eigentlich erst ab Advent 2016?

Wahrscheinlich weil erst einmal gründlich mit den immer klammer werdenden Bankhonoratioren der Deutschen Bank überlegt werden muss, wie man den dann noch stärker florierenden Goldhandel der AfD eindämmen kann. Und wie gewährleistet werden kann, die Generation Nachkrieg, die noch tausch- und schwarzmarkterfahren war, auszubremsen ist und ihre Erfahrungen nicht mehr an die Genration Y weiter geben kann.

30. November 2014

Mein toleranter Hund

Heute war ich gegen Mittag wie täglich üblich mit meinem alten, treuen Hund auf dem längeren Spaziergang des Tages unterwegs. Wir verstehen uns dabei quasi blind, haben uns aber seit Jahren – so wie bei einem alten Ehepaar - hierbei eigentlich nicht mehr so wirklich viel zu erzählen. Meistens läuft er frei, der Theo, weil ich es mag, besonders dann, wenn er Bakterien averse Helikoptermütter erschreckt. Heute aber musste er mal an die Leine, weil gerade Schonzeit ist für bayerische Böcke und Graue Reiher. Außerdem ist es sicherer für den alternden Weggefährten wegen des bedauerlicherweise stetig zunehmenden Automobilverkehrs, nun sogar schon deutlich zu spüren auf einsamen Waldwegen.

Das fand er nicht gut mein alter Hund und forderte mehr Toleranz von mir ein. Wir kamen also mal wieder ins Gespräch miteinander. Toleranz fragte ich, wie meinst denn Du das? Sagt mein Theo: „Hey Alter, das ist, wenn Du meinen Jagdtrieb gelten und mich gewähren lässt, meine hündischen Sitten akzeptierst, wenn ich die lieben Kinderlein abschlecke oder meine Art den Bock zu schrecken, auch wenn der in der Schonzeit auf der Strecke bleibt". Ich war froh, dass er Toleranz nicht gleich als Gleichberechtigung einforderte, der alte Köter.

Aber ich ließ mich ein auf diese Diskussion mit meinem alten Jagd-Kameraden und wir begannen eine kleine Unterhaltung. Wir sprachen über unsere Familien. Also über unsere Verwandten aus der Sippe der Toleranten und der Freien.

Über meinen Bruder Werner-Optimismus Toleranz und seine Meinung: „Egal wie wir´s machen, ist der eine Bock tot, kommt doch der nächste. Und weiter geht´s". Auch über Theo´s Schwester Caroline Angst und Ihre Meinung: „Gehen wir lieber nicht in den Wald, der Bock könnte uns doch auf die Hörner nehmen". Und so ging es fort, wir haben beide eine große Familie. Zum Beispiel einen Onkel, den Heribert Zweifel: „Na ja, passt auf. Wer zu viele Fragen stellt, wird verdächtig und gerät ganz zufällig in die Schusslinie". Oder Tante Ingeborg Kritik: „Gehört sowieso verboten, die ganze Jagd". Cousine Monika Berechnung: „Man sollte abwägen, was da schmeckt vom Braten und was wir noch verkaufen können. Zum Beispiel das Gehörn". Neffe Sven Ignorant: „Du, das sind Themen bzw. Hunde, die sind mir in meinem Wald noch nie begegnet." Nichte Ottilie Gleichgültig: „Ist mir eh wurscht, habe doch genug mit mir selbst, meiner Karriere und meinem Handicap zu tun. Außerdem haben wir unsere eigenen Hühner gut gesichert mit Stromzaun24.de" Und Theo´s Vorzeigeverwandter, ein Cousin zweiten Grades, MdL: „Wir müssen doch allen gerecht werden. Dem Hund, dem Bock und dem Wald. Ich bin für Chancengleichheit. Lasst alle gewähren. Und alles wird gut. Hauptsache Ihr wählt mich wieder. Dann ist alles ganz besonders gut."

Ich beschloss also, Theo auf diesem Spaziergang an der Leine zu behalten.

1. Dezember 2014

Die Messe ist gesungen

Meine Tochter meinte vor ein paar Tagen, dass sie mir einen großen Gefallen täte, wenn Sie mir anlässlich der Wiederweihe eines christlichen Tempels ein paar Karten zur H-Moll-Messe von Johann Sebastian Bach schenkt. Ich freute mich und begab mich tatsächlich mit ihr dann eine Stunde vor Beginn des erwarteten Spektakels mit fünfhundert anderen ziemlich gläubig und konservativ dreinschauenden Mitbürgern auf das harte Kirchengestühl.

Der große Chor und das Orchester mit dem mexikanisch anmutenden Namen hoben also pünktlich an, diesen Meilenstein der Musikgeschichte, dieses „Einzigartige in der musikalischen Weltliteratur" und das „größte Kunstwerk aller Zeiten und aller Völker" zu zelebrieren. Passagen unendlich langatmiger und zahlreich wiederholter biblischer Verse in lateinischer Sprache - freundlicherweise im Begleitheft übersetzt - surrten auf mich und meine Kleine nieder. Ich wurde ebenso wie mein selig blickender Nachbar in eine pseudomeditative Verfassung mitgerissen und dachte an die Sünden meiner Vergangenheit. Nie hatte ich ein ordentliches Rockkonzert besucht. Jetzt sehnte ich mich danach. Nie war ich wirklich auf einer türkischen Hochzeit. Da muss es lustiger zugehen. Bis heute habe ich kein mitreißendes Fußballspiel des FC Bayern in der Allianz Arena gesehen und bin mit den Massen glückselig gewesen. Mir war plötzlich sogar klar, warum kein Einziger die Vielfalt unseres Landes belebender Ausländer bei diesem Event des Jahres weilte. Ziemlich wahrscheinlich deshalb, weil in dieser tiefen meditativen Stimmung die im Mittel 68-jährigen Zuhörer und Zuhörerinnen vom dem mächtigen Chor und seinen achtzig silberhaarigen Damen und Herren, die sich ihre Seele freisingen, in vollkommener Bewegungslosigkeit gezwungen wurden und dies der Freiheitsliebe südlicher Mentalitäten gewiss nicht entspricht. Also tatsächlich bewegte sich nichts außer den modisch gestylten Energiesparleuchten am langen Pendel, die den Schallwellen des Chores auch in acht Meter Höhe nicht ausweichen konnten. Vom größten Kunstwerk aller Zeiten und aller Völker kann also wohl nicht wirklich die Rede sein. Es wird auch in Italien und Spanien nur äußerst selten gespielt. Selbst da ist ja der nölige Grönemeyer beliebter. Das muss auch August der Starke schon geahnt haben, der den Herrn Bach im Jahr 1724 als Hofkomponisten nicht einstellen wollte. Und vielleicht war es sogar gut, dass der am Ende taube Johann Sebastian sein ganzes überüppiges und gewaltiges Werk sogar selbst nicht mehr hören musste.

Ich wusste erst wieder dass ich noch lebe, als die vor mir sitzende silberlockige Schaufensterpuppe mit hoch geschlagenem Kragen und dem Namen Pierre Cardin sich fünf Minuten vor Ende des zweistündigen Events endlich mal bewegte. Gott sei Dank, er lebt, dachte ich dann. Und ich auch. Bewundernswerte Leidensfähigkeit des deutschen Volks. Dachte ich auch noch.

Morgen kaufe ich endlich Karten für Rock am Ring. Und in diese schöne Kirche gehe ich nur noch, wenn es auch eine Predigt gibt.

5. Dezember 2014

Weihnachtsrätsel

Zweifelsohne ist dies ein Beitrag den nicht ich, Henriette, selbst erfunden habe, sondern jemand anderes. Zu viel der Ehre. Kein Schmuck mit fremden Federn. Ich dachte mir aber, es sei an der Zeit auch einmal etwas Lustiges in die Welt zu posten und wie man weiss, fällt mir das schwer.

Ein Gewisser Horst - nein nicht der Freund Otto Scholl´s, sondern ein Freund einer alten Freundin von mir – hat kurz vor Weihnachten noch sehr interessante Fragen aufgeworfen, die noch dringend bis Weihnachten geklärt werden müssten, damit das friedliche Fest auch wirklich friedlich wird. Oder er hat das nur gemacht, damit die unter dem Weihnachtsbaume versammelte Großfamilie etwas hat, worüber sie rätseln können abseits der wirklich tiefschürfenden Fragen.

Hier also die Aufgaben, so ziemlich eine für jeden Tag bis Weihnachten:

- Ist ein Raumschiff, das ausschließlich mit Frauen besetzt ist, eigentlich unbemannt?

- Sind nymphomane Hündinnen zwangsläufig?

- Wie lange muss eine Katze trainieren, um Muskelkater zu bekommen?
- Gibt es in einer Teefabrik Kaffeepausen?
- Wenn Aschwimmen schlank macht, was machen Blauwale dann falsch?
- Wenn die Stiftung Warentest Vibratoren testet, ist dann „befriedigend" besser als „gut"?
- Wenn ein Schäfer seine Schafe verhaut, ist er dann ein Mähdrescher?
- Warum muss man für den Besuch beim Hellseher einen Termin haben?
- Welche Farbe bekommen Schlümpfe, wenn man sie würgt?
- Warum werden Rundschreiben eigentlich in einem eckigen Umschlag verschickt?
- Ist eine Gesichtscreme, die 20 Jahre jünger macht lebensgefährlich, wenn man erst 19 Jahre alt ist?
- Darf sich jemand, der sich im Ruhestand befindet, nachts hinlegen?
- Warum ist ein Kreiskrankenhaus nicht rund?
- Darf man eine Tagesdecke auch nachts benutzen?

- Geht der Meeresspiegel kaputt, wenn man in See stickt?

- Wie lange kriegt man für einen Wintereinbruch oder gibt es darauf Bewährung?

- Darf man in einem Schaltjahr auch Automatikautos fahren?

- Wenn Katholiken auf eine Demonstration gehen, sind sie dann Protestanten?

- Ist Lattenrost eine Geschlechtskrankheit?

- Und die wichtigste Frage des Tages: Warum muss ich auf Start drücken, um Windows zu beenden?

Viel Spaß beim Lösen!

9. Dezember 2014

Arzt rettet die Autofahrer-Welt

Nun ist es raus. Der ADAC ist todkrank und soll von einem 65-jährigen Arzt gerettet werden. Zahlreiche riskante Operationen wie Amputationen lebenswichtiger Organe, Operationen am offenen Herzen und eine Wiederbelebung der Seele des Autofahrervereins stehen an. Was sagt uns das?

Natürlich, dass die Rente mit 63, 65 oder 67 zumindest für Ärzte völlig überflüssig ist und damit ein Ärztemangel in den nächsten 20 Jahren nur reine Propaganda des Gesundheitsministers sein kann. Außerdem weist es uns ganz im Sinne der Erfinder der Esoterik darauf hin, dass Vereine oder Unternehmen keine rechtlichen Konstruktionen sind sondern lebende Organismen. Hoffen wir also, dass Herr Markl, der neue Präsident kein Pathologe ist.

Ganz besonders wichtig ist aber die folgende Botschaft: Nachdem sich die zahlreichen überflüssigen Juristen in die Politik verabschiedet haben und ihr Leben nun jahrelang damit verbringen, die von Ihnen selbst geschaffenen zahlreichen Gesetze zu verstehen und endlos zu interpretieren oder sich mit den Folgen Ihrer abenteuerlichen Rettungsversuche für konkurrenzunfähige Geschäftsmodelle beschäftigen und damit glücklicherweise der

Wirtschaft nicht mehr zur Verfügung stehen werden, ist nun klar wer neben den allwissenden Juristen und Wirtschaftsprüfern zukünftig die deutsche Wirtschaft retten wird. Ärzte. Ganz nebenbei bekommt damit das Berufsbild des Arztes endlich die wunderbare Perspektive zurück wieder richtig Kohle scheffeln zu können. Ein letzter ganz wichtiger langfristig wirksamer Nebenaspekt ist aber auch die große Chance unser gesamtes Bildungssystem radikal zu reformieren. Nämlich zur Einführung der einzig möglichen Studienkombination Steuerberatung und Allgemeinmedizin kombiniert mit der Fähigkeit bei Google alle wichtigen und unwichtigen Informationen abrufen zu können und ein Grundkurs in Rhetorik. Das spart letztlich viele Investitionen in die Forschung - was will denn die noch alles erforschen - und macht den gegenseitigen Konsens unter der geistig uniformierten, nachrückenden Generation noch leichter.

Aber Spaß beiseite: in Wahrheit ist der neue Präsident ein Arzt, der ein wirklich revolutionäres Geschäftsmodell verfolgt. Nämlich seine Millionen meistens uralten, die Welt bereisenden Vereinsmitglieder „mobil-line" zu betreuen und die demnächst weltweit präsenten Gelben Engel mit einer Notapotheke und Defibrillatoren in Zusammenarbeit mit den Drägerwerken auszustatten.

14. Dezember 2014

Advent, Advent, Angelas Lichtlein brennt

Der deutsche Mittelstand soll bis 2030 endlich enteignet sein und anschließend öffentlich an den Pranger gestellt werden. Und zwar wegen Energieverschwendung. Das hat vor einigen Tagen der Chef der Sozialdemokratischen Partei und unser Wirtschaftsminister Sigmar Gabriel des Nachts geträumt. Mutti äußerte sich bisher noch nicht dazu, schien aber nach Information ihrer Putzfrau überrascht zu sein, dass da bei der Jahrzehntezahl noch eine 3 stand.

Denn ihr Traum war ja anders, das Jahrtausend ist ja noch jung, da kann es ja viel schneller gehen. Zwar wird sie die Idee von Sigmar Gabriel und Barbara Hendricks, alle Häuser in Schuhkartons zu verwandeln gerne aufnehmen. Aber es muss doch viel schneller gehen. So wie vor hundert Jahren. Deshalb: Der Soli bleibt und wird wegen der vor allem in Bayern in Baden-Württemberg wirtschaftlich gefährlichen Situation bis 2022 ungefähr verdoppelt. Unser Verkehrsminister Dobrindt hat intern sowieso schon klar, die Maut aus Umweltgründen bis 2020 zu vervierfachen. Dafür hat er auch die Unterstützung des Papstes bekommen. Den ausgegründeten Atom-Rest von e.on heute und RWE morgen übernimmt der Erzengel Gabriel in eine Stiftung des rot-grün regierten Bundeslandes Bremen. Der Flughafen

Berlin wird endlich an die Börse gebracht und als Volksaktie verkauft. Allianz, Ergo und Co. werden mit einem in Planung befindlichen Dekret verpflichtet, die Schrottanleihen der Banken zu übernehmen, die Draghi nicht haben will, um so den angeblich bestehenden Garantiezins zu halten.

Die Idee von Doktor Schäuble, nachdem er heute beim Nachmittagskaffee die Idee von Professor Sinn sogleich für sich vereinnahmt hat , die stetig steigenden Renten dann mit Eintritt der Babyboomer, also der Zahler von heute, spätestens ab 2026 auch mit höchster Progressionsstufe zu versteuern, wurde von Rentnernanni Nahles jedoch noch nicht genehmigt. Auch von Frau Dr. Merkel nicht. Denn: Sind ja noch drei Wahlen bis dahin. Und: die meisten Rentner sind Frauen. Und vielleicht wählen Frauen Frauen? Und wenn die Quote stimmt, bestimmt.

Dafür haben wir aber dann sicher das sauberste Kleinklima weltweit. Und ein reines Gewissen. Egal was in Lima so passiert. Noch drei seltene Schneckenarten leben unter den Ruinen der Atommeiler und durch Riesenwindräder geschredderte Vöglein dienen der Beschickung unserer Biomasseanlagen. Und vor allem: „All you can eat for all" bleibt ein Erfolgsrezept gegen unseren kollektiven Hunger.

Zu Recht wird die Bundesrepublik dann als die höchste umweltökonomische Population auf Erden von den eigenen oppositionellen Grünen ausgezeichnet: Noch vor Kolumbien und Island oder sonst wem....

Wir sind alle gespannt auf die Weihnachtsansprache unserer Mutter der Nation.

16. Dezember 2014

Weihnachten, das Fest zu Ehren des Konsumenten

Weihnachten feiern wir doch noch immer, wir erinnern uns, die Geburt von Gottes Sohn, den Historiker als den ersten Sozialisten der Welt und damit als Vorfahren von Sigmar Gabriel, Oskar Lafontaine oder Gesine Schwan verortet haben. Er verbrachte seine frühen Tage in einer sogenannten Krippe, die heute manchmal in sentimentalen Installationen, abseits der Fressbuden sogar noch auf Weihnachtsmärkten zu bewundern ist. Zurecht wird neuerdings kritisiert, dass die ursprüngliche Bedeutung des Weihnachtsfestes mehr und mehr dem Konsum zum Opfer fällt. Stimmt denn das wirklich?

Denn ganz anders ist es doch noch in solchen Kreisen, wo der besonders zivilisierte Mensch einen ganz besonderen Bezug zum Fest hat. Zwischenzeitlich gibt es nämlich zum Beispiel ganz viele Intellektuelle Vordenker wie mich selbst, die ihre Weihnachtsgeschenke schon sehr sorgfältig im Mai auswählen, im Juli bestellen, im Oktober in Empfang nehmen, aber erst im Dezember bezahlen. Das ist der wahre Grund warum sich der Einzelhandel den Dezember dann doch noch so sehnlich herbeisehnt.

Aber dieses Verhalten ist durchaus nachvollziehbar, sind wir Deutschen nach fast 2000 Jahren doch ein wenig erschöpft vom ständig wiederkehrenden Fest der Liebe, wo man den Lars Chrismäs nicht mehr sehen und hören kann, der Fabrikspekulatius doch nicht so gut schmeckt wie dazumal Oma´s Plätzchen und der Trubel auf den Einkaufsmeilen drei Tage vor Weihnachten Otto Normalbürger in den Wahnsinn treibt. Und das Erlebnis kann man mit Worten nicht beschreiben.

22. Dezember 2014

Udo ist von uns gegangen – Na und?

Heute war ein besonderer Tag. Joe Cocker ist gestorben. Eine Rock-Legende. Ein Inbegriff der 68er Revolution.

Und gestern war ein noch besonderer Tag. Udo Jürgens ging von uns. Ganz unerwartet, wie man so sagt. Ein Tod wie Männer ihn sich wahrscheinlich nach einem erfüllten Schaffen wünschen. Ein Tod, den Frauen zutiefst bedauern.

Hatten doch einige von uns noch Karten für eines seiner nächsten Konzerte bestellt. Mein Sohn. Meine Mutter. Meine beste Freundin. Und ich auch. Wir haben uns auf den Mann gefreut der Generationen mit seiner Musikalischen Lebens-Philosophie begleitet, berührt und begeistert hat. Mit seinen in Noten und Texte gefassten Bildern aus unseren Leben. Er hat uns allen viel gegeben. Zumindest den meisten von uns. Wir werden ihn vermissen.

Wir könnten fragen warum und - na und?

Aber wie kann man das fragen. Er hat unsere Geschicke nicht geleitet, aber unsere Werte mitbestimmt und unsere Lebensfragen reflektiert. Vielleicht viel, viel mehr als unsere sogenannten Leitfiguren unserer Politik das in der Lage sind.

Musik verbindet die Menschen. Und ein guter Geist. Und Herz. Und Seele.

Deshalb wird er mir fehlen. Und deshalb ist mir heute auch nicht Satire zumute.

26. Dezember 2014

Weihnachtslied

Heuer, Leut, hat´s nix gegeben!
Nur wer hat, bekam geschenkt.
Mutter schenkte euch das Leben.
Das genügt, wenn man's bedenkt.
Einmal kommt auch eure Zeit.
Heuer war's noch nicht soweit.

Doch ihr dürft nicht traurig sein.
Reiche haben Armut gern.
Schweinebraten ist doch ganz fein.
Und auch Zinsen sind nicht mehr modern.
Gestern kam der Weihnachtsmann.
Allerdings nur obendran.

Lauft ein bisschen durch den Park!
Dort gibt's Weihnachten genug.
Hohle Phrasen aus dem Bundestag,
macht auch schon die Jugend klug.
Kopf gut schütteln vor Gebrauch!
Ohne Mindestlohn geht es auch.

Tannengrün mit Leuchtdioden -
Lernt drauf pfeifen! Werdet stolz!
Reißt die Bretter von den Stirnen,
denn im Ofen fehlt's an Holz!
Stille Nacht und heil'ge Nacht -
Weint, wenn's geht, nicht! Sondern lacht!

Heuer Leut, hat's nix gegeben!
Wer nichts bekam, bekam Geduld!
Also Menschen, lernt fürs Leben!
Götter sind nicht daran schuld.
Götters Güte reicht so weit ...
Ach, du liebe Winterzeit!

frei nach Erich Kästner

28. Dezember 2014

Geboren mit dem i.phone

Nach seinem Beitrag in der WamS „...und ohne Angestellte geht es mir deutlich besser..." des bis heute zwar noch unbekannten aber sehr erfolgreichen 20-Jährigen Unternehmers Philipp Riedele, Nickname „Phipz", geht´s mir auch besser. Besonders beruhigend finde ich es, dass die von ihm beschriebene „Generation Y" heute von den Unternehmen wie gewohnt umworben wird so wie es von ihren Helikoptereltern umsorgt worden ist.

Dieses Umwerben wird von Herrn Riedele bereits als Macht empfunden. Eine Sinnestäuschung?

Die sogenannten Babyboomer und Generation X-er könnten sich wundern, dass dieses Land trotz der anscheinend nicht vorhandenen emotionalen Bindung an einen Arbeitsplatz und mangelnder Leistungsbereitschaft dort ist, wo wir heute als führende Volkswirtschaft in Europa stehen. Können wir uns eine solche „Generation Y" mit ihrer Einstellung überhaupt leisten? Diese Generation aus Einzelkindern, die geprägt von wettbewerbsfreier Umwelt - im Gegensatz zu den vorangegangenen Generationen - widerstandlos und immer um sich selbst kreisend auf der Suche nach dem Sinn der Arbeit und des Lebens ist? Am besten auf postpubertären Weltreisen oder im pre-professionellen Sabbatical. Oder auf dem Golfplatz.

Oder beim Pferdchen. Oder in der Wellnessfarm. Schön wäre es zwar für die Y´s, aber hoffentlich haben sie sich angesichts der globalen Herausforderungen und vor dem Hintergrund wachsender Konkurrenz aus Europa und der schönen globalen Welt nicht zu viel vorgenommen.

Besonders schlimm könnte werden: Googeln und den nicht vorhandenen Wissenshorizont erweitern kann nun schon fast jeder Analphabet und selbst die Matures (das sind die Alzheimerkandidaten) auch schon. Und was, wenn die Alten in 15 Jahren mal auf Macht machen? Und das Vermögen wegsperren? Und nicht mehr für die Kleinen die Wäsche waschen und bügeln oder die Winterreifen aufziehen.

Viel Spaß noch auf Eurer Abenteurertour.

29. Dezember 2014

Weihnachtskatarrh

Auch wenn es die Fußballbegeisterten unter Euch gerne vermuten möchten. Es geht heute schon wieder mal nicht um diesen die Welt umspannenden Sport und die WM ebendort: In Katar. Obgleich Fußall-WM dort zumindest Kopfschmerzen macht.

Denn wie längst jeder von Euch weiss, bezeichnet ein alter Begriff aus der studentischen Umgangssprache den Kater oder Katzenjammer (medizinisch *Veisalgia*) das Unwohlsein und die Beeinträchtigung der körperlichen und geistigen Leistungsfähigkeit eines Menschen infolge einer leichteren Alkoholvergiftung. Die auslösende Alkoholmenge variiert von Mensch zu Mensch. Wissenschaftler gehen davon aus, dass ein Kater bis zu drei Tage lang die Leistungsfähigkeit einschränken kann. Das wissen wir ja alle. Einzig wirksames Gegenmittel: Maßhalten.

Hingegen ist der Begriff des Weihnachtskatarrhs (*Veisalgia Natale*) zwar noch nicht hinreichend beschrieben, dürfte vielen von Euch zumindest unbewusst aber gut bekannt sein. Bei dieser ebenfalls ziemlich leichten Erkrankung, die aber bis zu sieben Tage anhalten kann, handelt es sich wohl um die multiplen Nachwehen des Weihnachtsfestes, unabhängig davon, wo und in welcher Gesellschaft selbiges zelebriert worden ist. So wundert man sich nach dem Festschmaus darüber, welche seltenen Tiere man neben einem Schweineschnitzel und einem Rindersteak sonst noch so verspeisen kann – wie etwa Enten, Gänse, Karpfen, Fasanen, Hasen, Veggiburger (im Ganzen versteht sich); oder wie anrengend die diversen Stromschläge der elektrischen Lichterkette für die eingeschlafene Konversation am Heiligen Abend sein können und warum so viel Alkohol für die wohlverdiente Nachtruhe angesichts der Monologe des lieben Schwiegervaters oder des Steinbeissergesichts der lieben Schwägerin indiziert war. Auch beeindrucken die neuesten Erkenntnisse über andere Verwandte, Freunde oder Kollegen die Psyche besonders nachhaltig. Darüber hinaus ereilt viele von uns allen immer noch die Frage, warum wir in den letzten Minuten vor der Bescherung überhaupt noch ein Geschenk besorgt haben, welches der Beschenkte nun anscheinend schon zum x-ten Mal geschenkt bekam und nicht begeistert goutiert.

So viel zum Feste selbst. Was wir dabei aber noch gar nicht bedacht haben sind die Spätfolgen ausserhalb der eigenen vier Wände:

Unmittelbar nach dem zweiten Weihnachtstag, „zwischen den Tagen" gewissermassen, ereilen uns nämlich endlich auch die anderen die Folgen dieses inzwischen größten Volksfestes der Nation.

Die Influenza erreicht die Innenstädte unseres Landes in Form epedemieartigen Erscheinens der gesamten christlichen und agnostischen Bevölkerung aus Stadt- und Landkreis. Alle Strassen leiden ab etwa neun Uhr morgens unter totaler Verstopfung - und die armen Postbeamten/-innen und Verkäufer/-innen der zahlreichen Konsumtempel/-innen stehen nun wie in jedem Jahr vor ihrer größten Operation. Denn anscheinend zeitgleich epidemisieren nun sämtliche Wünsche, Gutscheine für Schönheits-Op´s, Allyoucaneat-Candlelightdinners, Bücher, Klamotten, Kosmetik oder sonst was umgetauscht oder eingetauscht, Zalando und Amazonpäckchen rückversendet zu werden. Auch das in den geheimnisvollen Umschlägen verstaute Bargeld der Großeltern, die längst vom unnützen Sachgeschenk abgelassen haben, will so schnell wie möglich unter die Leute gebracht werden.

Könnte es sein, dass der wesentliche wirtschaftliche Faktor für das Wirtschaftwunderland in diesen Tagen darin besteht, Benzin zu verbrauchen, Reifenprofile zu verringern, endlich einmal Überstundenzuschläge an Verkäufer, Lagerarbeiter bei Zalando und Amazon zu zahlen sowie diverse Post"beamte" doch einmal richtig zu beschäftigen und damit endlich wohlverdiente Endorphine zukommen zu lassen. Nach dem Motto: Wir werden **DOCH** gebraucht?

Wer kommt auf solche Ideen? Meine persönliche Wette ist da: Die Tage nach Weihnachten sind die Spitzenumsatztage für Parkhausbesitzer. Hier entscheidet sich jetzt die Jahresbilanz;-).

Wer das Gegenteil beweist, erhält von mir einen Parkhausgutschein für einen ganzen Tag im Parkhaus meiner Wahl.

31. Dezember 2014

Muttis Neujahrsansprache

Aus gut unterrichteten Kreisen habe ich heute schon erfahren können, was die Kanzlerin uns am Neujahrstag im parteipolitisch korrekten GEZ-TV mit treuem Augenaufschlag gerne zurufen möchte. Anscheinend hat sie diese Rede nach gründlicher Gehirnwäsche durch Papst Franziskus ganz anders gestaltet als sonst. Hier die wesentlichen Passagen:

Liebe Schlafmichelinnen und Schlafmichel,

...herzlichen Glückwunsch! Ihr seid mit meinem persönlichen Coaching Fußballweltmeister und -meisterinnen geworden!!! Noch nie seid ihr bei billigsten Konditionen weltweit so viel gereist wie im vergangenen Jahr und habt Euch so heldenhaft der Globalisierung gestellt! Noch nie habt ihr so viel Schweinefleisch gefressen wie heuer! Noch nie habt ihr die Autobahnen so verstopft. Danke deshalb dafür, dass ihr das billige Benzin, das wir Euch mit unserer Verteidigung am Hindukusch und sonst wo bereit gestellt haben, auch verbraucht! Endlich habt ihr die großen Energiekonzerne und damit etliche finanziell direkt beteiligte Kommunen mit Eurer konsequenten Energiewende quasi enteignet, kommunale Politik damit auf Sicht zumindest in Ballungsräumen unmöglich gemacht.

Bravo! Eure Strompreise und damit die Mehrwertsteuereinnahmen steigen zwar nur unerheblich, dennoch danke ich Euch! Denn mein sonst so verbissener Lieblingsminister Knecht Schäuble lacht endlich wieder. Das Feuchtgebiet FDP als letztes Rückzugsgebiet wertorientierter liberaler Bürgerschichten habt ihr selbst endgültig trockengelegt... Die Grünen nehmen wir uns nach den Roten auch noch vor... Meine Geldentwertungsmaschinen Draghi, Juncker & Co. laufen gut geschmiert auf vollen Touren. Riesterrenten und sonstige Altersvorsorgeprodukte werden wertlos und Eure Motivation bis zum 80igsten zu arbeiten steigt dennoch ganz freiwillig. Oh mein Volk! Ihr alle seid beschäftigt. Rund um die Uhr. Ihr alle seid Euch nicht zu schade für Löhne zu arbeiten, die die steigenden Mieten kaum noch zahlen können. Ungebremst steigenden Immobilienpreisen trotz fallender Zinsen sei Dank. Auch meine Freunde, die Spekulanten lachen nun endlich richtig. Von wegen Kavallerie a´la Steinbrück. Noch nie wurden so viele Schweine gegen den Welthunger auf so wenig Raum so produktiv, so genoptimiert gezüchtet und so effektiv von rumänischen Gastarbeitern geschlachtet wie heute. So kämpfen wir gemeinsam gegen den Hunger in der Welt. Noch nie hat diese Republik so viele tüchtige Frauen in vollkommen überflüssige Jobs vermittelt. Schon lange hatten wir keine anständigen Konflikte mehr mit den Völkern Russlands, die so wunderbar von der innenpolitischen Lage abhalten. Und endlich habt ihr erkennen können, dass unser Land auch gar nicht mehr zu verteidigen ist. Dass es keinen Journalismus gibt, dem man vertrauen kann, der nicht linientreu ist wisst Ihr nun doch. Auch wenn das einige wenige verirrte Gestalten in Sachsen noch nicht verstanden haben.

Liebes Volk, liebe Schlafmichelinnen, liebe Schlafmichel,

also ich danke Euch. Und ich verspreche 2015 machen wir ganz entspannt, visions- und alternativlos so weiter! Denn ich weiss um Eure Unterstützung. Ich und mein Erzengel Gabriel sind schließlich mächtig. Sechzig Prozent der Stimmen sind uns auf ewig garantiert. Solange ihr schön weiter schlaft.

Zunächst werde ich dafür sorgen, dass Uli Höneß auch gegen den Widerstand von diesem Kinsi Seehofer auf freien Fuß kommt, er seinen Verdienst-Orden zurückerhält und Bayern Meister aller Klassen bleibt genauso wie Deutschland in Europa! Die Genfleischexperimente zur Zucht von 48 - stielkotelettigen Super-Mastschweinen habe ich heute zusammen mit dem Ernährungsminister der USA freigegeben. Fracking wird trotz seiner wissenschaftlich erwiesenen Gefahr ab Ostern zumindest in Gebieten wie Lüneburger Heide, östlich der A 9, im Schwarzwald und im Saarland freigegeben, um den Druck auf den Benzinpreis für Eure Reisen kreuz und quer durch Europa und die

Welt weiterhin so niedrig wie möglich zu halten. Zeitarbeitsfirmen werde ich zusammen mit Supernanni Nahles mit einem Sondergesetz zur Integration von Migranten in die Lage versetzen, den Mindestlohn erneut zu unterlaufen. Damit ist dann das Beschäftigungsprogramm für die zahlreichen Zuwanderer, die ich bald erwarte auch schon abgesichert und dieses Pegidapack braucht sich keine Sorgen mehr um Asylanten zu machen. Die Absicherung unseres Wirtschaftskolonialismus und die Stimmung auf diesen so genannten Märkten halten wir weiterhin fest im Blick. Und zuletzt werden wir die letzten Reservate der konservativen Christen in meiner eigenen Partei stilllegen, um die Merkel-Sozialistische-Union (MSU) als endgültige Alternativlosigkeit zu vollenden.

Zunächst wird dazu Bosbach´s Krebstherapie verboten und dieser fränkische Provinzheini Friedrich endgültig auf Außenposten nach Wunsiedel versetzt. Dort wird er genügend damit zu tun haben, Touristen vom Besuch des Hess´schen Grabes abzuhalten, anstatt mich zu kritisieren. Wer sonst in dieser christlich demokratischen Partei über den 15. Januar 2015 hinaus konservativ denkt wird schlicht einem Parteiausschlussverfahren unterzogen. Wie unauffällig ich das bewerkstelligen kann haben ja schon diverse Herren, die zwischenzeitlich namenlos geworden sind, erfahren. Zuletzt werden wir die linientreue Pressearbeit unseres guten deutschen Journalismus sicherstellen, in dem wir alle Beiträge in sozialen Netzwerken, die die Vokale **A** wie alternativlos, **E** wie eigenständig, **I** wie islamistisch, **O** wie oppositionell, **U** wie unabhängig enthalten, von unseren gemeinsamen Geheimdiensten in Autokorrektur neutralisieren lassen. Hinzu kommen die Konsonanten C wie christlich und K wie konservativ. Frau Will und Herr Jauch sind davon aber ausdrücklich nicht betroffen. Dieses Programm tritt am 15. Januar per ordre de mufti in Kraft.

Übrigens: Vor allem werden diese bärbeissigen und überheblichen Wirtschaftsweisen endlich abgeschafft und durch ein Multiökologisch-Konfessionelles Gremium ersetzt. Außerdem werden wir Geburten deutscher Staatsbürger medizinisch nicht mehr unterstützen, da die gesundheitliche Qualität des Deutschen Nachwuchses wegen gehäuften Auftretens von Laktoseunverträglichkeiten, Prüfungsangst und anderen Allergien anscheinend immer stärker nachlässt und damit die Kosten in den Kliniken nun deutlich den Nutzen übersteigen ... auch hier muss nun leider gespart werden ... die sogenannte Islamdebatte lassen wir dagegen noch ein wenig weiterlaufen, damit ihr unterhalten bleibt ... Und die Bürgschaften gegen Griechenland werden wir nächstes Jahr mit Eurer individuellen Hilfe von schlappen 3.000 € pro Nase ausbuchen können. Wir überlegen noch welche neue Steuer wir dafür kurzfristig einführen können. Aber die Griechen haben dann wenigstens ihren Willen bekommen. Die Autobahnmaut darf der eilfertige Herr Dobrindt noch umsetzen, aber ungefähr Ende 2016 kassiere ich die zusammen mit Hollande, Rutte und Faymann wieder ein. Im Gegenzug müssen wir dann leider die Kfz-Steuer erhöhen. Die Zustimmung vom Kinsi Seehofer habe ich heute eingeholt, denn dem ging´s gestern eigentlich so gut wie lange nicht mehr.

Ich danke Euch und wünsche immerwährende, schöne und unbeschwerte Einkaufs- und Reisezeiten sowie Bundesligawochenenden...

1. Januar 2015

Regierungserklärung

Die selten gewordene Art einer Großkrokodil-Regierung plant ein weiteres neues Jahr einzuführen, und zwar ein noch erfolgreicheres. Zwar fehlt irgendwie die weitreichende Perspektive aber zumindest die Finanzierung von 2015 ist nach Angaben von Wolfgang Schäuble doch geklärt.

In unheimlich geheimer Geheimsitzung haben Mutti und ihre rote Tochter Gaby doch noch beschlossen das Jahr mit der Jahreszahl 2015 einzuführen. Es wird wie immer von Anfang Januar bis Ende Dezember dauern. Es soll ein noch erfolgreicheres Jahr der Regierung werden wie das Vorausgegangene.

Vor allem wird die Finanzierung hübsch angereichert durch die Fortsetzung des Soli, durch die vorzeitige Einführung der europaweit herbeigesehnten Maut, durch eine weitere Steuerfahndungsparty nach dem Motto „Auf zur Jagd auf den Mittelstand", durch eine neue Schweinefleisch- und Allyoucaneat-Steuer, mit der die Muttigaby-Groko den Grünen den frischen Segel aus dem Wind nimmt.

Darüber hinaus hat die Super-Groko auch Mittelfrist-Ziele. So soll´s gehen; die Regierung hat beschlossen:

- dem Wunsch der aufgeklärten Bevölkerung nachzukommen, in irgendeiner Art kontaminierte Lebensmittel aus dem Nahrungskreislauf auszuschließen. Lebensmittel werden teurer und so die Landwirtschaft ohne Subventionen unterstützt.

- die Flugbenzinsteuer für außereuropäische Reisen zur Stabilisierung des Freibadtourismus in Europa drastisch zu erhöhen. Das spart nebenbei voraussichtlich auch ungeplante Witwenrenten aus Tsunami-Katastrophen.

- Zuschüsse für Gewächshäuser, Hochbeete und ökologische Hühnerställe zu gewähren, um eine autarke Lebensweise abseits der staatlichen Alimente zu sichern. Denn auf die bisherige Altersvorsorge ist ebenso wenig Verlass wie auf Wertpapierrenditen und dergleichen.

- in Zusammenarbeit mit Olaf Henkel für Nordeuropa doch noch eine Art neue Währung zu konzipieren.

Die Kanzlerin wird in ihrer Neujahrsansprache letztlich darauf hinweisen, dass die Sonne gerade in letzter Zeit kaum noch in Erscheinung getreten sei und voraussichtlich in wenigen Milliarden

Jahren erlöschen werde. Und der Wind die östlichen und Bayerischen Landesteile trotz Klimawandel nicht im erwünschten Ausmaß erreichen kann. Das könnte der Grund dafür sein, dass die Atomkraftwerke doch noch nicht endgültig vom Netz gehen und zurückgebaut werden. Und dass Uli Höneß noch vorzeitig begnadigt wird, um einer Bayerischen Separierungsbewegung vorzubeugen. Diesbezüglich haben die Regierenden ja schon genug mit den Franken zu tun;-).

2. Januar 2015

Richtigstellung – Neujahrsansprache

Auch unsere Redaktion und unsere Mitarbeiterin Henriette Hasenclever sind vor Falschinformationen leider nicht gefeit. Wie wir vorgestern Abend erfahren haben, entsprach unser Vorabauszug aus vertraulicher Quelle in keiner Weise der Ansprache der Regierungschefin dem visionären Wortlaut, den wir letztlich vernommen haben. Einzig - aber immerhin - die enge Absprache mit den hohen Geistlichen aus der Villa Hammerschmidt und den diversen Synoden des Landes bleibt weiterhin deutlich erkennbar.

Dafür, dass wir alle von Ihrer Lufthoheit für unsere Leistungen so unbedingt gewertschätzt und respektiert werden - in der Gesellschaftsmannschaft als Ganzes - müssen wir heute unsere tiefe Dankbarkeit bezeugen.

Das kann natürlich nicht ohne Konsequenzen für unsere satirische Arbeit bei Echtwerk bleiben. Deshalb haben wir bereits gestern nachmittag das Arbeitsverhältnis mit einem wichtigen Mitarbeiter von Henriette Hasenclever nach erfolgreicher Zusammenarbeit im gegenseitigen Einvernehmen beendet.

Er hat sich dann in Richtung BILDER-Zeitung verabschiedet mit den Worten: „Danke für Euer

Interesse und die zahlreichen ´likes´. Das war ein gutes Sprungbrett für mich und gibt mir ein gutes Gefühl für meine neue Tätigkeit bei der BILDER-Zeitung, die ich nach Heiligdreikönig antreten werde! Ich garantiere: auch dort werde ich die eine oder andere Überraschung anbieten. Mein erstes Thema dort hat aber nun mehr mit Tierschutz zu tun und heisst: Grüne bringen 100%ige Sondersteuer auf private Weihnachtsböllerei als Gesetzentwurf ein - Chancen und Risiken für freilaufende Hunde und Katzen."

5. Januar 2015

Die unerhörten Vorhersagen des Herrn Jakobsen

Es ist fast schon eine Tradition: Zum Jahreswechsel veröffentlicht der dänische Ökonom Steen Jakobsen seine zehn „unerhörten Vorhersagen" für das kommende Jahr. Und unser lieber „Focus" muss das unbedingt allen sozusagen als Untergangsprognose zelebrieren.

Auf den ersten Blick sind sie (laut „Focus") absurd – doch fast immer stimmt (laut „Focus" eine der Prophezeiungen.

Für 2015 sagt er die folgenden Horror-Szenarien voraus ➔ *und hier noch mal die eine Meinung von Henriette dazu, bevor sie zur BILDer-Zeitung aufbricht...*

1. Der britische Immobilienmarkt bricht zusammen ➔ *unsere Antwort: ja bravo, wohnt dann niemand mehr in England? Dann ziehe ich auch dahin.*

2. Japan verliert die Kontrolle über seine Währung, die Inflation erreicht die 50-Prozent-Marke. ➔ *Dann wollen wir schon mal eine Sammelaktion „Thunfische für Japan" starten-gell?*

3. China leidet unter enormen Deflationsruck und wertet Yuan um 20 Prozent ab ➔ *wen interessiert das? Angela? Barroso, Juncker? Gabriel? Barcley´s Bank?*

4. Mario Draghi tritt als EZB-Chef zurück und kandidiert für das Amt des italienischen Präsidenten ➔ *das wird auch Zeit, anschließend tritt er mit Italien nach Aufkauf sämtlicher Staatsanleihen Italiens aus dem Euro aus, haha...*

5. Jens Weidmann von der Bundesbank übernimmt seine Nachfolge ➔ *prima, da kann er sich ja schon mal auf die Unterstützung der Trümmerfrauen, Generation II., freuen!!*

6. Russland schlittert in die Staatspleite – nur ein Schuldenschnitt kann die Zukunft des Landes sichern ➔ *Russen werden sich an Mutti Angela nicht mit Wohlwollen erinnern*

7. Die größten Online-Händler werden Opfer von Hacker-Angriffen, die Aktie von Amazon verliert 50 Prozent an Wert ➔ *... das wird auch Zeit bei den Ergebnissen.*

8. Ein Vulkanausbruch verdoppelt die Getreidepreise in Europa ➔ *dann wird endlich das Bier teurer und weniger davon getrunken ... endlich Marktbereinigung unter den deutschen Brauereien und beste Voraussetzungen für TTIP Brauer*

9. Eine weltweit steigende Kakao-Nachfrage lässt die Preise explodieren ➔ *wow! Zwei Euro für die Tafel Rittersport. Gefühlte Inflation seit 1960: 0% !!!*

10. Großbritannien tritt 2017 aus der EU aus. ➔ *2017!! Ich dachte das waren die Voraussagen für 2015;-). Warten wir die nächsten Horrorszenarien vom schlauen Jacobsen ab!*

11. Die Zinsen für Unternehmensanleihen verdoppeln sich. ➔ *Na und? Wer gesund ist, wird´s überleben! Sicher.*

In diesem Sinne: Rein in die Rinne…;-). Und Markworts Bayern bleiben oben dran…

17. Januar 2015

Ich bin doch nicht Charlie

Plötzlich und quasi von einem Tag auf den anderen heißen mindestens fünf Millionen Mittel-Europäer plötzlich Charlie. Oder besser gesagt: sie befinden sich im kritischen klinischen Zustand des „Je suis Charlie".

Sie stellen sich auf die Strassen und halten sich schwarzweisse Schildchen mit der Botschaft, dass sie jetzt Charlie heissen, vor den Bauch. Sie kaufen auch vollkommen unerwartet jede Menge, nein, viel zu viele komische Komikhefte und tragen den Namen dieser neuen psychischen Krankheit in ihrem Facebook-Account. Dabei ist Charlie eigentlich doch gar kein kontinental-europäischer Name. Sondern ein englischer. Das ist doch eigentlich schon verdächtig - oder?

Aber im Ernst: wer oder was ist eigentlich gemeint mit Charlie? Charlie Chaplin, dieser einflussreiche Komiker? Nein, sicher nicht. Der würde sich sicher im Grabe umdrehen. Oder ist eine unter Baby-Boomern einigermaßen bekannte britische Rockband (1971–1986) gemeint, ein Roboter entwickelt vom *Deutschen Forschungszentrum für Künstliche Intelligenz*, ein Ort in den Vereinigten Staaten, die von der Nato so bezeichnete sowjetische Klasse von Nuklear-U-Booten, das Charlottenburger Bündel der Wandergesellen (da staunt ihr), der innerdeutsche Grenzübergang „Checkpoint" in Berlin (1945–1990), der Codename des US-Militärs für Mitglieder des Viet Cong (VC; Victor Charlie), der US- Politiker Charlie Wilson (1933–2010), der Rüpel-Schauspieler Charlie Sheen (* 1965) oder etwa doch eine bisher bei uns doch ziemlich und sehr unbekannte französische Satirezeitschrift?

So wie es aussieht sind jetzt also auch in Deutschland ganz viele von uns eine französische Satirezeitschrift, die hier vorher niemand kannte. Was vielleicht seinen Grund hatte und gut so war? Wir sind jetzt nicht nur Weltmeister sondern plötzlich auch eine französische Satirezeitschrift, weil wohl nun der versammelte sogenannte Qualitäts-Journalismus hier endlich einmal zeigen kann, wie sehr er die Meinungsfreiheit unterstützt und uns mal wieder sagen kann, was wirklich richtig ist. Nämlich Meinungsfreiheit bis zur Gotteslästerung. Und weil das natürlich ein Beweis der viel beschworenen deutsch französischen Freundschaft ist? So wie sie das nun vortragen unsere hassgeliebten so genannten Lügen-Journalisten - also Menschen, die im Vertrauensranking bei uns, den Lesern, bekanntermaßen eigentlich ziemlich unten durch sind, gleichzeitig aber so eine Art Korrektiv und Hoffnung unserer Demokratie sein möchten - wollen sie für diese Überzeugung sogar sterben. Ja wirklich. Beweise liegen vor. Echt ehrenhaft, märtyrerhaft. Ob sie glauben, Jungfrauen warten auf Sie nach ihrem Märtyrertod? Nein, sie erwarten nur das christlich-kapitalistische Paradies. Wie man uns glauben machen will, soll es da auch schön sein. Aber gibt es da auch Jungfrauen? Oder nur die wertlosen Monopoly Euro-Scheine, mit denen man sich dann richtige Sachen wie eine Hermes Aktentasche kaufen kann? Aber beeilt Euch. Der Kurs fällt seit vorgestern.

Dann kommt auch noch der Pabst, dieser mittellose Franziskus daher. Also dieser konservative Hüter der christlichen Konventionen und der Hüter der Bescheidenheit, des Paradieses und kommuniziert schreckliche Dinge wie diese: „Ich darf Religion nicht zum Gespött machen" und zieht so Grenzen der journalistischen Satire. Sogar „Charlie Hebdo"- Mitbegründer Henri Roussel (80) übt Kritik an seinen Nachfolgern. Ja wie? Was machen wir jetzt damit?

Nun fragt sich endlich, ob alle die, die nicht Charlie sind, Feiglinge sind. Aber auch ob die, die jetzt gerne Charlie sein wollen im einfachen Leben mit ihren lieben Mitmenschen wirklich so liberal sind wie sie immer tun. So wie die Schmidts, die Müllers, die Schäubles und die andern Schummelpfennige.

Ich bin nicht Charlie. Ich bleibe Henriette.

18. Januar 2015

Guardiola gefeuert

Und schon wieder unglaublich! Aber für Insider wohl nicht ganz überraschend hat sich der souveräne Bundesliga-Tabellenführer FC Bayern München heute Abend fristlos und ohne Wenn und Aber von seinem Trainer Pep Guardiola nach dem 21. Spieltag getrennt. Nach dem deklassierenden 8:0 der Münchener gegen den Hamburger Sportverein hundertsten Duell der beiden Teams ist man sich aber selbst der Sportinformationsdienst (SID) heute nicht ganz sicher, was der wahre Grund für die Trennung war. So wird einerseits aus zuverlässigen Quellen berichtet, Matthias Sammer hätte endlich mal wieder einen Tobsuchtsanfall vor versammelter Mannschaft gehabt: bei einem Jubiläumsspiel im eigenen Stadion gegen einen HSV in der Verfassung einer Bezirksligamannschaft sei ein zweistelliger Sieg unbedingt eine Pflichtübung gewesen. Man wisse ja schließlich zudem nicht, ob am Ende der Rück-Runde nicht das Torverhältnis entscheide.

Andere Stimmen behaupten allerdings das glatte Gegenteil. Es sei beschämend und erniedrigend wie gnadenlos die Roten mit einen schon schwer angeschlagenen schwarzblauen Gegner in solch historischen Moment umgingen. Dies sei im aktuellen politischen Umfeld nicht im Sinne der europäischen Völkerverständigung. Sogar bayerische Regierungskreise seien entsetzt. Deshalb musste VV Kalle Rummenigge wohl auf Angelas Anweisung reagieren: „Es war leider an der Zeit, die Reißleine zu ziehen, der Frieden in der Bundesliga sei erheblich gefährdet und die Auswirkungen auf den Zusammenhalt im europäischen Fußball und zukünftige Frustfouls unabsehbar."

Ein Ersatz für Guardiola sei auch schon gefunden. Trappatoni soll noch einmal das Bayern-System auf Defensive umstellen. Für den Rest der Saison ist also mal Feuerpause angesagt und für Manuel Neuer geht auf der für ihn wieder geschaffenen Liberoposition beim FCB nun endlich der Wunsch in Erfüllung mal länger als 20 Minuten im Feld zu spielen. Und Rummenigge ist sich sicher und mit Marcel Reif einig: So wird die Liga wieder spannend.

21. Januar 2015

Hasch mich, ich bin der Cem

Unglaublich! Da halten diese unstillbar neugierigen Presse-Fotografen den lieben Cem Özdemir, unseren real existierenden Vorzeigegrünen und total anfassbaren Toleranzpapi und Weltbürger doch dabei auf Zelluloid fest, wie der nach einem pressewirksamen Ice-Buckett-Challenge vor einer unachtsamerweise nicht abgeräumten Hanfpflanze auf seinem chicen Bürobalkon posiert.

Darauf sagt der liebe Cem zunächst noch, dies sei doch nur ein Zierpflanzengeschenk seiner Großmutter. Bei weitem keine Nutzpflanze. Dabei ist es sehr wohl eine solche. Die politischen Gegner greifen diese mangelnde Fachkompetenz des Möchtegernministers sogleich auf und fragen in die Runde, ob der wohl deshalb so dumm daher redet weil der das Zeug selber raucht. Oder backt er Plätzchen damit? Diese Frage ist aber zweitrangig. Was wir wissen und was medizinisch nachgewiesen ist, ist aber folgendes: Cannabis hilft einerseits gegen Schmerzen, macht andererseits Gedächtnislücken und unterstützt Alzheimer.

Dem grünen Bundesvorsitzenden Cem muss das nun, im Zuge der Ermittlungen gegen ihn und nach Aufhebung seiner Abgeordnetenimmunität wie

Schuppen von den Augen gefallen sein. Denn nur einige Tage, nachdem er schon wieder seine Ausrede mit dem Großmuttergeschenk vergessen hat, kämpft er gegen das Cannabis-Verbot. Özdemir kündigte eine entsprechende Initiative im Bundestag an. Daran werde mit Hochdruck gearbeitet. Er bemüht dabei auch ein Zitat des Bundesvorsitzenden der Deutschen Polizeigewerkschaft (DPolG), Rainer Wendt, der bereits im vergangenen Jahr eine Legalisierung des Konsums gefordert hat.

Aufbauend auf der wichtigen medizinischen Erkenntnis des Wissenschaftsstandortes Deutschland und der bekannten Vergesslichkeit unserer Politiker im allgemeinen und der Phantomschmerzen, die sie deshalb ganz speziell irgendwo zwischen Augen und Ohren haben müssen, meinen wir deshalb auch, Cannabiskonsum sollte nicht nur straffrei sein sondern sogleich als Zwangsmedikament für alle Politiker verschrieben werden. Indizierte Tagesdosis: 3 x rauchen, 2 x Plätzchen. Dann könnten wir auch medizinisch nachweisen, warum sich diese Spezies an ihre Reden und Versprechungen von gestern, geschweige denn von vorgestern nicht mehr erinnern kann!

Das muss in alter Tradition ja schließlich auch so bleiben. Schon Adenauer meinte ja „…wat stört misch meen Jeschwätz von jestern…" Und auch Nobbi Blüm sagte uns: „…die Renten sind sicher…"

und hat deswegen heute immer stärkere Zungenschmerzen.

Nur unsere Mutti Angela kann sich dauernd an nix erinnern und hat trotzdem keine Schmerzen. Woher das wohl kommt? Vieles spricht also letztlich dafür, dass das Verfahren gegen Özdemir ganz schnell eingestellt wird. Denn irgendwann - und das ist das Fazit medizinischer Forschungen - vergessen beide dann sowieso ihre Schlüssel für die Hauptpforte zum Reichstag oder sie finden nicht mehr nach Hause.

Hasch mich, im Frühling geh auch ich in den Garten Cannabis anbauen. Beeil Dich Cem ;-)

26. Februar 2015

Die Maut kommt ? Vollkommen unmöglich!

Der Herr Minister Dobrindt, unser Verkehrschef kann einem schon leid tun. Allein deshalb, weil diese Buntgrünen und Linksautobahnfreien Abgeordneten im Bundestag die Autobahnmaut aus welchem Grund auch immer wieder und wieder kritisieren. Warum eigentlich? Wegen der möglichen Auswirkungen auf die überlegtere Nutzung von Fahrzeugen aller Art auf unseren überlasteten Bahnen? Etwa wegen eines zu erwartenden Beitrages ausländischer Nutzer unserer bekanntlich beneidenswert gut ausgebauten Infrastruktur? Vielleicht aber doch nur wegen der holländischen Tulpenferien? Also weil alle Grünen eigentlich verkappte Holländer sind? Mit dem guten Gefühl, dass die niederländischen Freunde schon ganz lange unser 18. Bundesland sind? Mit dem also so quasi verbrieften Recht, unsere Strassen mit ihren kleinen Dafs von damals und ihren großen SUV's und schicken Grand Coupes von heute allzeit kostenfrei zu benutzen? Mit Wohnwagen an der Hängerkupplung und Tulpenzwiebeln im Gepäck? Ganz besonders eben dann, wenn diese berühmten Tulpenferien anstehen? Bekanntlich spielt die Tulpe in den Niederlanden schon seit ewigen Zeiten eine große Wirtschaftsrolle. Rund zwei Drittel aller Tulpen weltweit werden in den

Niederlanden umgeschlagen. Es ist die Zeit, in der die holländische Bevölkerung dazu aufgerufen ist, so viele Tulpenzwiebeln wie möglich über die Welt zu streuen. Besonderes Anliegen scheint dabei heutzutage im gegenseitigen Interesse zu sein, die neuesten Kreationen über das fels- und schneereiche Österreich, besonders über das Bundesland Tirol zu verbreiten. Die Schönheit der Tulpe machte die Tulpenzwiebeln also auch in einem Bundesland wie Tirol so seit vielen Jahren zu einem begehrten Tausch- und Handelsobjekt. Es kommt somit heutzutage in Tirol zu einer Tulpenmanie, die seit einigen Jahrzehnten zu einer gut dokumentierten Spekulationsblase in Tirol führt. Der ertragreiche Tauschhandel mit den Tulpenzwiebeln zwischen billigen Betten, Wochenskipässen und Hutessensgutscheinen einerseits und bunten Zwiebeln andererseits führt in den 2000er Jahren regelmäßig zu einer ungeheuerlich kraftvollen, großen Lawine gelb benummerter PKW, besetzt mit Ski- und Snowboardsüchtigen niederländischen Familien, vorzugsweise auf den klassischen deutschen Autobahn-Routen A3, A5, A7, A9. Verkenne noch jemand die strategische Weitsicht der damaligen Planer. An den Wochenendtagen der zwischenzeitlich zweigeteilten Tulpen-Ferien sind deutsche Autobahnen auf einer Gesamtlänge von ca. 5000 km Länge für heimische Fahrer quasi tabu. Nicht nutzbar. Vollkommen verstopft. Die gelbe Flutwelle ergießt sich von der Niederländischen Grenze bei Arnheim über sämtliche südwärts führende Autobahnen bis zum Inntaldreieck. Ganztägig. Bis nach Kiefersfelden. Dort am Grenzübertritt zahlen die niederländischen Freunde dann ganz gerne 8,70 € für die 10 Tages-Vignette für die letzten 50 km zum Sehnsuchtsziel Ziel im Alpbachtal, Zillertal, Brixental ... oder sonst wo. Um dieses Sonderangebot gebührend zu feiern, gibt es noch einen leckeren Raststätten-Ketten-Espresso für 5,50 € on top. Dann weitet sich die gelbe Welle frisch gedopt aus in die Täler und auf die Hänge dort im lieblichen Austria. Und da gibt es auch keinerlei Beschwerden darüber, wenn der Stau der vergnügungssüchtigen Tulpendiebe und – händler schon an den wenigen unbeheizten Sesselliften der Christlum oder des Spieljochs bei einem Tagespreis von 20 € für den Juniorpass stecken bleibt....oder der Strom ausfällt.

Früher mal gab´s die Tulpenferien einmal im Jahr in Holland. Heute starten in den einzelnen niederländischen Provinzen genauso wie in Deutschland die Ferien zeitlich verzögert. Dadurch will die der niederländische Staat erreichen, dass es zu weniger Staus und überfüllten Straßen zu Ferienbeginn kommt.

Dumm nur, dass mittlerweile mindestens gefühlte Zehn Millionen Holländer Tulpenferien machen...dumm, dass wir nun nur 10 € oder umgerechnet 1,25 ct. für die paar Kilometer zwischen Arnheim, und Kiefersfelden verlangen wollen ... und die lieben Nachbarn kassieren für den gleichen Asphalt glatt das 5-fache und die

Verbrauchssteuern für 10 Tage Konsumation dazu
… Vollkommen unmöglich.

6. März 2015

Genderbabylon

Gestern las ich, dass Helmut Schmidt doch noch einmal sein Herz erleichtert hat. Unser nicht bei allen Mitmenschen beliebte Kabarettist Dieter Nuhr sagte spontan dazu: „Was kümmern uns Terror oder Krieg? Helmut Schmidt hatte Geschlechtsverkehr!" WOW.

Ich sah auch mal wieder „hart aber fair - diesmal "Nieder mit den Ampelmännchen" und muss spontan diesen Satz von Nuhr ergänzen: „...und wir haben Unisex-Klos im hippen Düsseldorf und Toiletten für ´sonstige´ im sexy Berlin! Und wir brauchen noch viel mehr davon!".

Da man ja über alles immer und sofort informiert sein will, um nicht in irgendwelchen Diskussionen ins Hintertreffen zu geraten, musste ich mal wieder bei Wikipedia das Stichwort Gendermainstreaming oder ähnliches nachschlagen:

„Der Begriff **Gender** bezeichnet als Konzept die soziale, gesellschaftlich konstruierte oder psychologische Seite des Geschlechts einer Person im Unterschied zu ihrem biologischen Geschlecht (engl. *sex*). Der Begriff wurde aus dem Englischen übernommen, um auch im Deutschen eine

Unterscheidung zwischen sozialem („gender") und biologischem („sex") Geschlecht treffen zu können, da das deutsche Wort *Geschlecht* in beiden Bedeutungen verwendet wird. Er dient vor allem als *Terminus technicus* in den Sozial- und Geisteswissenschaften".

Schon seit meiner Gymnasialzeit in den 1970er Jahren frage ich mich einerseits, warum die Soziologen und Psychologen ständig versuchen, den menschlichen Körper vom Geist zu trennen. Darüber hinaus erkenne ich, dass unsere deutsche Sprache ja zu ganz furchtbaren Vereinfachungen in der Lage ist. Also müssen einige grundlegende Konstruktionsfehler der Schöpfung, hier vor allem der kleine biologische Unterschied zwischen Männlein und Weiblein, unverzüglich und nachhaltig behoben werden.

Dazu ist in den letzten Jahren ein ganz neues, so genanntes, Wissenschaftsgebiet entstanden. Die Genderforschung. Bezeichnend dabei ist, dass von 120 Genderforschungstreibenden – wie das wohl nun genderpolitisch korrekt heißen müsste – 112 weibliche Forscher zu finden sind. Bezeichnend auch, dass in den Bezeichnungen der Namen und Namenszusätzen der entsprechenden Organisationen überwiegend die Begriffe Frau, Frauen und Geschlecht vorkommen. „Mann" findet dort gar nicht statt. Bereits durch das Negieren und damit einhergehend die ideologische Emporhebung des anderen Geschlechtes durch eine solch bedeutende Minderheit (ungefähr 0,001 ‰ der Gesamtbevölkerung) hat der grundsätzlich steinzeitlich veranlagte Ureinwohner, der noch immer glaubt seine Geschlechtsorgane würden unter Umständen der Fortpflanzung und damit der Erhaltung der Art dienen, nun vier Möglichkeiten:

1. Er wehrt sich, 2. Samenspende, 3. Dschihad, 4. Imitation von Conchita und Mutation zu Anton Wurst. Der malende und steuerhinterziehende Grünenhäuptling Hofreiter hat letzteres ja bereits bei seiner Typfindung in hervorragender Weise antizipiert, weil er erkannt hat, dass 1. nach Abschaffung der Wehrpflicht sinnlos ist, 2. geht immer noch und 3. ist gar nicht „alike".

Das endgültige Ziel dieses neuen Forscherinnengeistes, dieses neuen Feminismus, scheint endlich die androgyne Geschlechtslosigkeit, allerhöchste Sterilität in allen Lebenslagen und Geburten nur noch im virtuellen Raum. Mit der daran direkt anschließenden freien Auswahl unter künftig 60 Facebook – Geschlechtern wählen zu können. Coole Vorstellung.

Und was das für die Sprache alles so heißt, ist ja eine schier unglaubliche Aussicht auf tausende neuer Studien und millionenfacher kreativer Ergüsse aus mitteleuropäischen Hirnen. Kaum vorzustellen, welche Dynamik unsere Volkswirtschaft erleben wird. Der Duden, alle

Lehrpläne müssen umgeschrieben werden, alle Bücher ...äääh ne, die werden ja nicht mehr gedruckt ... sorry ... müssen nur noch verbrannt werden. Aber es wird eine ganz neue Industrie entstehen, die einstmals, wie die Atomkraftwerke, der Maschinenbau und demnächst das selbstfahrende Auto um die Welt gehen wird. Aus Ampelmännchen werden schließlich Weibchen oder Päärchen. Aus Friseuren sind ja schon Stylisten geworden. Aber Stylistinnen gibt es dennoch. Aus "Studentenwerk" soll "Studierendenwerk" werden. Aus "Der Aufsichtsrat" soll "Das Aufsichtsgremium" werden und so fort. Was aber wird eigentlich aus dem schönen deutschen Artikel, unserem einzigartigen Geschlechtswort? **Der** wird **Das**. Und **Die** wird auch **Das**. So wie das englische **the**. Wir machen das dann sicher wieder deutschgründlich, zum Beispiel: das Zopf, das Schuh, das Schmuck, das Butter, das Baum, das Bart. Apropos Bart: Damit es auch hier zukünftig gleichberechtigt zugeht, unterstützt Conchita Wurst seit der gelungenen Durchsetzung der Frauenquote in Aufsichtsräten börsennotierter Gesellschaften nun die Frauenquote bei Bartträgern. Also Bart ab, solange der noch zu gründende Wissenschaftszweig Invitrohaar-verpflanzung am Frauenkinn noch keine überzeugenden marktreifen Konzepte liefert.

Hat eigentlich schon mal einer die Muslime, die zu Europa gehören, dazu befragt? Gar nicht nötig. Die beobachten ja schon seit dem Jahrzehnt der Alice

Schwarzer ganz entspannt wie sich Mitteleuropa aus Mitteleuropa zurückzieht.

Und für das Pferd ist es am Ende auch egal, wer drauf sitzt. Trotz Unisexsattel oder mit Bart oder ohne.

21. März 2015

Armer Herr Schmid

Seine Gier kommt Herrn Georg Schmid (60 und ehemaliger General der bayerischen Filzpartei) teuer zu stehen. Nach seinem Rücktritt als Chef der CSU-Fraktion ist alles weg: der Werkvertrag seiner Frau für zu versteuernde 5.500 Euro. Den musste er schon kündigen. Seine Zulage als Fraktionsvorsitzender von 13.870,56 Euro brutto. Die bekommt er nimmer. Die schöne Dienstlimousine samt Chauffeur. Seit Freitag ist sie futsch. Was bleibt, ist seine Abgeordneten-Diät von 7.244 Euro brutto. Und die steuerfreie Aufwandspauschale von 3.282 Euro, die jeder Abgeordneter bekommt. Aber auch diese Beträge stehen auf der Kippe.

Denn für den „Schüttelschorsch" kommt's jetzt ganz dicke. Die CSU will ihn verbannen. Vor allem aus dem Wahlkampf. In dem führt er gleich hinter Justizministerin Beate Merk die Schwaben-Liste an. „Der soll auch sein Direktmandat zurückgeben", kamen am Freitag die ersten Forderungen aus der Schwaben-CSU. „Damit a Ruh ist."

Für Schmid würde ein Verzicht aber bedeuten: Seine Abgeordneten-Karriere ist nach 23 Jahren beendet. Dann ist er auch noch Volksvertreter a.D.

Ruhe hätte er damit aber noch lange nicht. Inzwischen gibt es eine Menge Fragen zu der Firma seiner Frau. Der „Büro- und Schreibservice" wurde bei der Stadt Donauwörth als Gewerbe angemeldet. Schmid hatte die Beschäftigung seiner Gattin immer wieder damit begründet, dass sie seine „beste Mitarbeiterin" sei, das Büro im heimischen Wahlkreis organisiere und für ihn rund um die Uhr zur Verfügung stehe. Hatte sie da überhaupt noch Zeit für andere Kunden? Oder war ihr Mann der einzige Auftraggeber? Bei einer möglichen „Scheinselbstständigkeit" müsste Gertrud Schmid Sozialversicherungsbeiträge in fünfstelliger Höhe nachzahlen. Am Freitag ließ Schmid der AZ ausrichten: „Meine Frau hatte noch andere Kunden."

Dass sie künftig Hartz-IV-Empfänger werden, davor allerdings müssen sich die Schmids nicht fürchten. In Bayern landen auch Ex-Politiker in einer sozialen Luxus-Hängematte. Nach 23 Jahren im Landtag bekommt Schmid die volle Altersversorgung. Das sind 71,75 Prozent der Diäten: derzeit also 5197,57 Euro. Auf die hätte er bereits jetzt Ansprüche. Dazu kommen mit 65 Jahren noch über 4.000 Euro Pension aus seiner Zeit im Kabinett. Schmid war acht Jahre Staatssekretär, erst im Familien-, danach im Innenministerium. Und vom Landtag gibt's noch 18 Monate Übergangsgeld.

Inzwischen wird geklärt, ob der Vorsitzende des Haushaltsausschusses im bayerischen Landtag,

Georg Winter, seine damals 13 und 14 Jahre alten Söhne rechtmäßig angestellt hatte. Es geht um die Rückzahlung von rund 10.000 Euro.

Zuerst hieß es, nach einer rechtlichen Beurteilung des Landtagsamts sei der Vertrag mit dem 13-Jährigen unzulässig. Am Freitagnachmittag korrigierte eine Sprecherin: „MdL Winter ist heute auf das Amt zugegangen und hat wegen der Zulässigkeit der Beschäftigung nachgefragt. Georg Winter hat zugesagt, dass er die vom Amt benötigten Angaben zeitnah übermitteln wird, damit eine Überprüfung durch das Amt erfolgen kann." Bisher habe der Landtag keine Forderungen gestellt.

Winter weigert sich auch weiterhin, als Chef des Ausschusses zurückzutreten. In der CSU wächst der Druck auf ihn: Ein Fraktions-Vorstand: „Er kapiert es nicht und stellt sogar noch unverschämt Forderungen."

Er sitzt zwischen seinen beiden Anwälten auf der Anklagebank des Augsburger Amtsgerichts und bemüht sich sichtlich, Haltung zu bewahren. Rücken durchgedrückt, Hände gefaltet auf dem Tisch.

Wie sehr ihn die 50-minütige Urteilsbegründung des Amtsrichters Michael Nißl trifft und schmerzt, ist in seinem Gesicht ablesbar. Die Augenbrauen tief ins Gesicht gezogen, die Stirn von tiefen Falten zerfurcht. "Sie haben ihre Stellung als Abgeordneter ausgenutzt und das Ihnen entgegengebrachte Vertrauen missbraucht", sagt der Richter, "Sie haben sich entschlossen, das System der Aufwandserstattungsansprüche Jahr für Jahr bis zum letzten Tropfen leerzuschaufeln."

262 mal Sozialbetrug, 59 mal Steuerhinterziehung

Nißl verurteilt den ehemaligen Vorsitzenden der CSU-Landtagsfraktion zu einer Haftstrafe von einem Jahr und vier Monaten auf Bewährung. Zusätzlich muss der 61-Jährige eine Geldauflage von 120 000 Euro an soziale Einrichtungen zahlen.

Aber: Seine Rente - sein Ruhestandsgeld - ist sicher. War Norbert Blüm mit ihm befreundet?

5. April 2015

Weiter so Mädels...

Der erste Job ist der härteste. Für Männlein und Weiblein gleichermaßen. Bewahre! Denn das ist falsch! Seit Jahrzehnten hören wir die durchaus berechtigte Beschwerde der Damen, dass Sie mehr leisten müssen als die Herren der Schöpfung. Für den gleichen Lohn. Das gleiche Brot. Die gleiche Anerkennung. In seinen diversen Spielformen und Strömungen - als Radikal-, Differenz-, genozentrischer, spiritueller, psychoanalytisch orientierter, sozialistischer, anarchistischer, individual- oder dekonstruktiver Feminismus haben die Protagonistinnen in den letzten 50 Jahren dafür Sorge getragen, dass die Männer schließlich davon in weiten Teilen der Parteienlandschaft und sowieso politisch korrekt davon überzeugt sind: für die Damen ist es doch härter und sie werden auch heute noch in unserer Kultur schwer benachteiligt. Sie haben zum Beispiel kein Wahlrecht. Sie dürfen auch nicht Segeln, Flug- oder Angelscheine machen, Autofahren oder Golf spielen. Sie müssen Hosen tragen und Hüte und Schuhe. Sie machen niemals Karriere ... Und sie sie werden grundsätzlich schlecht bezahlt. So verdient Frau Merkel heute viel weniger als Herr Schröder oder Herr Kohl. Und vor allem verdient Frau Schwesig viel, viel weniger als der letzte Familienminister ... wer war da eigentlich der letzte Mann? Auf jeden Fall und besonders im DAX-

Konzern leiden die Frauen Not. Sie arbeiten in Aquarien. Also in kleinen, praktischen Büros mit ganz viel Internet-Technik zum Schuhe-Bestellen und mit Blick in den Himmel. Schade, dass sie nicht mehr unter Tage am Bohrkopf oder am Stahlkochtopf arbeiten dürfen.

Vor einigen Tagen legte eine junge, ziemlich unerfahrene, aber ganz besonders selbstbewusste Mitarbeiterin aus dem Middlemanagement eines mittelgroßen Familienkonzerns unserer Redaktion ihr Erzählmanuskript von Ihren Erlebnissen in ihren ersten Berufsjahren vor. Sie erzählte in stilistischer Selbstsicherheit von Träumen, geplatzten Träumen, Illusionen und Desillusionen. Von Plänen, die keine sind. Von der Freiheit auf dem Rücken der Pferde. Eigentlich war es nicht viel mehr als eine ganz unterhaltsame Beschreibung der ersten Lehrjahre, die immer noch keine Herrenjahre, die jetzt übrigens ganz gleichstellungsgerecht Damenjahre heißen müssten, sind. Und gleichzeitig ihre kleine Abrechnung mit den ChefsInnen, die die unsäglichen Talente unserer Generation Y doch immer noch nicht so richtig einschätzen und nutzen können. Diese TalenteInnen, die nach harter zielorientierter Studienzeit und nach langer Indoktrination durch ihre lieben Mamas wie in keiner Generation zuvor doch alle gleich wissen wo es lang geht. Zumindest bei Einkauf der chicen neuen Schuhe im Internetbetrieb wissen sie das. Sie wissen auch schon, wo der Schalter für die elektrische Rückführung des Cabrioverdecks im stylishen Premiumclass-Cabrio liegt. Es war ein mutiges und lustiges kleines Büchlein. Aber der Mut zu Veröffentlichung, die wir ihr anboten, die letzte Konsequenz, fehlte dann doch.

Diese junge Dame beschreibt aus der Perspektive der irgendwie noch ziemlich jungen, erwachsen werdenden wollenden, voll geschlechtsreifen Frau - früher hätte man sie „Fräuleins" genannt - die auch mit dreißig Lenzen immer noch ihre Wäsche im Reinigungssalon Mutti waschen und dort auch jeden einzelnen Knopf annähen lässt. Sie beschreibt die gleichen Zustände und Verhaltensmuster, wie sie schon die alten, aussterbenden Machos damals im vergangenen Jahrhundert in den schlimmen Zeiten vor Schwarzer, Künast, Bause oder heute unter Schwesig bereits im Berufseinstieg erlebt haben und immer noch erleben und an denen sich wohl niemals, wirklich niemals etwas ändern wird in einer Leistungsgesellschaft wie der unsrigen. Außer der Geschlechter-Quote der schwachen Leader. Der Druck bleibt dennoch bestehen. Die Feminisierung der Gesellschaft ändert genauso wenig am Dauerleistungsdruck wie die Gleichstellungsquoten und das insistierende Geschwätz, gesteuert durch die von Politik und Wirtschaftslobby gekauften Presse, in allen Kanälen darüber.

Aber immerhin ist mit diesem hübschen Exposé der Beweis angetreten, dass mit der Gleichstellungsquote die Erfahrungen der Männergeneration nur überliefert werden können. Es hat sich nämlich eigentlich gar nichts geändert für den/die Karriereorientierte/(n), aber auch nicht für Frau oder Herrn Mitläufer. Nichts hat sich geändert an der Ansicht der sogenannten Karriereleiter, die von innen genauso aussehen soll, welche von außen betrachtet aber wohl nichts anderes ist als ein Hamsterrad. Vielleicht jedoch hat sich jedoch die Erkenntnis eingestellt, dass die sogenannte Emanzipation, also die Befreiung der Frau, nur dazu beigetragen hat, dass solche Kulturen wie die europäische kinderlos werden und somit der Druck zur Vorratshaltung für die Altersvorsorge steigt und damit der Druck auf die Produktivität der ganzen Gesellschaft, die dann keine Zeit und keine anderen Ressourcen mehr hat für Familiengründung und kulturelleren Werterhalt.

Schön an der kleinen Erzählung unserer neuen kleinen Freundin ist die Absehbarkeit ihrer „Karriere". Es wird keine drei Jahre dauern, bis der biologische Timer dann doch den hübschen Ausweg aus dem Dilemma eines brutalen Berufslebens abseits aller Bequemlichkeiten bietet, die die Frauengeneration vor Schwarzer ohne all diese prekären Erfahrungen mehr oder weniger biologisch programmiert als Weg gegangen sind. Das Baby. Das eine. Das ein und alles. Möglichst ein

Mädchen, dem wir dann alle Chancen für eine selbstbestimmte Karriere mitgeben können.

Und das uns alte Damen dann alle ernähren wird! Denn Göttin sei Dank werden wir Damen immer noch fünf Jahre älter als die Herren!

2. Mai 2015

Junger Mann

Nun, irgendwann ist es soweit. Man hat das Gefühl merken zu sollen, dass man nun dazu gehört zum erlauchten Kreis derer, die sich nicht mehr jugendlich fühlen dürfen und deutlich mehr als erwachsen sind.

Auch wenn die eigenen Eltern schon Methusaleme von 85+ sind und man selbst doch noch keine sechszig Lenze zählt und dem Wunsche der Politik nach noch mindestens zehn Jahre einer Erwerbstätigkeit nachgehen soll.

Bisher hat man manche Warnsignale einfach ignoriert. Zum Beispiel den Hinweis des Hausarztes, sich doch endlich mal ein wenig mehr zu bewegen oder besser zu ernähren. Oder die Klagen der einigermaßen gleichaltrigen und gleichartigen Freunde, Nachbarn und Bekannten über das eine oder andere Zipperlein. Die Vorliebe für alte Plätze, Bekanntes und gute Gewohnheiten und Erinnerungen an die Jugendzeit erkennt man beileibe nur als Zeichen erwachsener Weisheit und Wertschätzung für das bisher selbst erreichte. Die Tatsache, dass im Job nur noch die eine oder Erfahrung weiter gereicht werden soll wurde uns ja bereits vor ungefähr zwanzig Jahren unter dem Titel Wissensmanagement bekannt gemacht. Darüber lächeln wir noch mit fadem Geschmack im Mund. Denn Erfahrungen lassen sich ja nicht leicht klonen. Dass die Abschläge vom Golf-Tee nun aber doch auch schon kürzer werden liegt nur am Schwung und am Wechsel des Pro´s. Selbst der etwas steife Nacken, der beim Ein- und Ausparken vor dem Lebensmittel-Markt ein bisschen hindert, ist doch nur ein vorübergehendes Symptom. Obgleich man die kleinen Helferlein im Auto - vom elektronischen Abstandspiepser bis zur Rückfahrkamera so langsam schätzen lernt und begreift, was Innovation beim Autobauen wirklich bedeutet…

Aber dann kommt dieser Tag, dieser wunderbare Tag, an dem die kleinen Momente kulminieren, in denen sich scheinbar in endloser Schleife eine Botschaft wiederholt: Die ungefähr 28 jährige Brotverkäuferin fragt frühmorgens den „jungen Herrn" beim Brötchenholen nach seinen Wünschen, die Metzgereifachverkäuferin beim Lebensmitteleinkauf am frühen Vormittag: „Na junger Mann, was darf´s denn sein?". Der Serviceleiter im Autohaus lässt bei der Abholung des gehobenen Mittelklassefahrzeugs nach dem Frühjahrs-Radwechsel schöne Grüße an die Frau Gemahlin ausrichten…

So haben wir damals, so die Erfahrung aus unserer unserer „jugendlichen Zeit" das ja auch gemacht, wenn wir nicht wussten, was die Alten eigentlich so wollten oder was sie so waren – oder? Oder wir nicht wussten, ob die noch „dazu gehören".

Die e-mail zwischendurch von den jungen Kollegen aus der Firma mit dem sensationellen Alter von achtundzwanzig Jahren baut da auch nicht sofort wieder auf: „Danke für die Unterstützung durch den erfahrenen Kollegen...", schreibt der da. Und fragst Du nachmittags den Sohn oder die Tochter, ob noch Hilfe beim Umzug gefragt ist, kommt ein bemitleidenswertes „Papi, schon Dich! Wir kommen schon klar."

Also auf ihr jungen Alten da draussen. Geniesst das Leben! Es wird höchste Zeit!

1. Juni 2015

Merkel trifft den Blatter Sepp

Das hat unserer lieben Angela Merkel, Bundesmutti h.c., gerade noch gefehlt. Inmitten dieses schier unendlichen und vollkommen unnötigen Geschachers um die griechischen schwarzen Löcher, um den Ukraine-Konflikt, nach dem fast schon vergessenen, jetzt bereits als ein Märchen erscheinendes Hoeneß-Steuerdesaster, nach dem leicht und locker ausgestandenen no-spy-Affärchen jetzt das: die Glorreichen Sieben, enge Vertraute des Fußball-Königs Josef S. Blatter - der mit dem geläufigen Zweitnamen Sepp aus dem ursprünglich christlichen Josef nun erfolgreich einen sympathischen Spitznamen für einen Spitzbuben gemacht hat - wurden in den letzten Tagen wegen Betrugsverdachts ausgerechnet von den US-spy-Friends festgenommen. Landesweit, Europaweit wünschen sich Fußballfans und Fußballfeinde in ungewohnter Eintracht, dass das Runde (also der Sepp) nun in das Eckige (also die Dunkelhaft-Zelle) wandert. Anscheinend geht es bei der FIFA nicht mit rechten Dingen zu. Und das ärgert die Kanzlerin sehr. Ihr wichtiges schwarz-weißes Brot- und Spiele-Propagandawerkzeug geriete in Gefahr. Mann oder Frau stelle sich vor, Mutti würde beim nächsten WM-Turnier in Putinland und anschließend in der Vorzeige-Mindestlohn-Demokratie Katar irgendwo da draußen in der weiten FIFA-Welt mit ihren 1,6 Milliarden Familienmitgliedern neben dem Blatter

Sepp jubelnd in die bundesdeutsche, öffentlich-rechtliche Kamera springen. Das schönste aller Spiele als Hort für allergeilste Korruption at it`s best. Und Angie mitten drin! Denn alle wissen doch jetzt, dass der bescheißt der Sepp. Ganz cool und aalglatt. Dann ist endgültig klar, dass auch die Griechen nicht ehrlich sein können. Trotz König Otto dort als Euromaster. Und vielleicht auch das Draghi-Denkmal könnte kippen. Und die Angie?

Sie will sich den Rücktrittsforderungen an Blatter zwar nicht anschließen. Aber sie spricht mit ihm notgedrungen und tadelt Seppos Sonnenkönigstour. Nachdem der Niersbach für diese Rolle ausgefallen ist und seine Kohle aus dem Weltfußballvorstand nun doch lieber mal vorsichtshalber mitnimmt. Irgendwie am Haken vom Seppo gelandet? „Alles muss man selber machen!"

Bundeskanzlerin Angela: „Muss das denn sein Josef?".

FIFA-Präsident: „ Für meine Freunde Sepp, Angie. Sepp."

Angela noch fröhlich: „Ach ja der Abend nach dem Finale. Das war schöön. Aber trotzdem: so geht das nicht. Ich bin die Kanzlerin Europas!"

Sepp; „Liebe Angela, schau. Die Welt ist schön. Fußball ist schön und ich bin noch viel schöner. Vor allem schöner als Du. Meine Sakkos passen besser. Meine Hände sind manikürt. Und ich herrsche über zwanzigmal mehr Volk als Du. Über 1,6 Milliarden

Fuß(ball)volk. Ich lasse meine Günstlinge noch schneller fallen als Du den Friedrich, den Koch und den Röttgen ausgemerzt hast. Ich entscheide über die Talente, die wir demnächst aus Nigeria und der DomRep zum FC Bayern entsenden. Und über die Ablösen."

Angela erschrocken: „Ist das nicht ein bisschen anmaßend Sepp? Erpressung? Ich bin doch noch nicht der Depp! Ich verstehe mich sogar blendend mit der amerikanischen Besatzungsmacht."

Sepp beruhigend: „Warum der Depp? Die Amis sind doch nur 320 Millionen. Wir sind Milliarden. Fußball verbreitet sich halt schneller als die Pistolen. Zwanzig Tore kosten weniger als ein G 36! Let´s go FIFA."

Angela, sehr nachdenklich: „Wer redet von Krieg?"

Sepp erstaunt: „Ach Angela. Wir zwei waren uns doch lange einig. Nur die Angepassten werden überleben! Europa passt sich an den geopolitischen Trend - Wachstum Afrikas und Asiens - zunächst im Fußball an und lernt die Menschen kennen und dann die Demut vor anderen Kulturen!"

Angela verstört: „Die Demut vor Afrika und Asien? Vor Korruption und Vetternwirtschaft? Wir wollten doch nur Talente und Facharbeiter! Das kann ich nicht erklären, meinem Volke nicht, dem Europäischen schon gar nicht. Noch nicht mal den Griechen."

Sepp ärgerlich: „Oh deutsches Fußballvolk! Wen habt ihr gewählt? Habt ihr ihr etwa alle Eure fast Millionen Stimmen gegeben? So wenig Weitsicht verträgt die Welt des Fußballs nicht. Ich werde ewig leben. In meinem Söhnen Chic, Moyo, Taio. Und an Dich, Angela: von nun an staune und lerne von mir. Deutschland war der letzte Fußballweltmeister aus Europa! Lasst uns lernen und antizipieren, wie Europa ca. 2050, spätestens 2085 funktionieren wird unter der Stammeshäuptlingsregierung meines unehelichen Enkelsohns Moyo-Sepp. Die neuen Werte: Wendigkeit, Tarnung und Selbstliebe werden auch die echten Abendländler und Anhänger von Uli Höneß mögen."

Angela: „Oh Sepp, Du machst mich zum Depp. Das sollte eigentlich der Guardiola beim FCB werden. Lass uns vertagen. In zehn Jahren sehen wir weiter. Solange sind wir heiter, schauen dem Treiben belustigt zu. Und zahlen. Sepp, wir bleiben Freunde!"

Nach ihrer Rückkehr wird die Kanzlerin allerdings weitsichtig bereits an den ersten Bausteinen für ihre nächste Weihnachtsrede basteln. Einer ihrer Kernsätze dafür steht heute Nacht schon fest: „Trauen Sie denen nicht! Den Fußballern im Allgemeinen und den Funktionären im Speziellen!"

8. Juni 2015

Eine Nation fährt links

Wahrscheinlich ist niemand unter uns aufgeklärten Lesern dieser Kolumne, dem in diesen andauernden und beschleunigten Zeiten des neuen deutschen Wirtschaftswunders noch nicht aufgefallen ist, dass unsere überforderten Straßen und Wege immer voller werden und alle, einschließlich eilige Vertreter, gestresste Stoßzeitenfahrer, die lieben Kinder transportierenden SUV fahrenden Quotenfrauen, „for-ever-young" Seniors und alle anderen übermotorisierten nur noch links fahren wollen auf der Autobahn und auch sonst wo, obwohl man mittlerweile hinter einem flotten LKW ganz rechts mit eingeschaltetem elektronischen Abstandhalter ganz entspannt und nicht viel später zum Ziele gelangt.

Hoffentlich ist es nicht nur mir aufgefallen, dass in diesen Zeiten in denen Bsirskes Ver.di, Weselsky´s GDL und die anderen Gewerkschaften gemeinsam mit der christsozialdemokratischen Spitzenquotenfrauenquartett Mutter Merkel, Nanni Nahles, Frau General Faihimi, Schwester Schwesig es möglich machen, dass jetzt Jedermann endlich alles machen kann, wovon schon die Oma und der Opa immer geträumt haben - neben Weltreise, freier bahn für freie Bürger und schmerzloses Sterben: jeden Tag essen gehen, um bis zum Jahre 2030 eine Fettleibigkeitsquote von mindestens 50% sicher zu stellen; sieben Tage die Woche vierundzwanzig Stunden nonstop-Shopping, Wellness und Fitness bis zur Sickness als entsprechende Entschuldigung für die üppige Kalorienaufnahme. Auto möglichst groß, Motorrad möglichst schnell und schick, Elektrofahrrad möglichst elegant mit unsichtbarem Motörchen. Kino, Theater, Weltreisen, Flugreisen, Kreuzfahrten. Thai Massage und Ayurveda. Wandern, Trecking, Malen, Garten. Abitur und Studium für alle Kinder. Hund, Katze, Maus und Pferd, Golfen. Demnächst das Polospielen und Pilotenschein. Und und und ... Alle VHS Kurse Jahre im Voraus belegt, ein Appartement auf Sylt oder ein Doppelzimmer in Zermatt unbezahlbar oder erst 2020 wieder buchbar ... Schönheits-OP´s auf Kassenkosten und die Erholungskur danach. Alles muss sein, alles muss her. Und zwar gleich. Und schnell noch mal nach Griechenland. Bevor der Alexis uns fünf echte Euronen Direktkurtaxe pro Tag abknöpft.

Mann, Frau, Gender macht den Segelschein, den Flugschein, den Tauchschein, den Angelschein, den Jagdschein und den Yachtschein. Den Somelierkurs, den Yogakurs, den Sterne-Kochkurs, den Schnellkurs für´s perfekte Webergrillen. Das neue Volks-Motto lautet: ALLES UND NOCH VIEL MEHR, sofort und für Nix. Ist ja alles so schön billig jetzt. Deshalb schnell. Hauptsache abgehakt und mitgeredet. Dabei sein ist alles. Und ab damit in die

Facebook-Instagram-Postkartenlandschaft. Wer weiss wie lange es noch geht. Bevor das Geld verschwindet.

Vor lauter Glück und Seligkeit über diese ganze wunderbare Gleichmacherei in diesem Schlaraffenland fahren nun alle ganz weit links. Vollkommen egal ob der mittlere Fahrstreifen frei ist. Oder selbst im ziemlich seltenen Fall, dass uns der nächste LKW auf der konservativen rechten Seite erst in drei bis fünf Kilometern vor eine echte Herausforderung stellen wird.

Diese schöne neue Kultur des mobilen deutschen Volkes verlagert sich nun wie selbstverständlich in andere Lebensbereiche. An der Lebensmittler-Kasse lässt das smarte und ziemlich selbstbewusste Rentnerpäärchen nun niemanden mehr an seinem mit 136 Artikeln vollbestückten Einkaufswagen links vorbei, selbst wenn nur schnell ein einziges Glas Nutella vom Hintermann zu zahlen wäre. Weil man ja noch schnell auf den Golfplatz will. Dort auf dem Golfplatz gilt eigentlich das alte verpflichtende Motto „Your position in the field is directly behind the group in front, not in front of the group behind" für das gleiche Rentnerpäärchen dann selbstredend auch nicht mehr, weil es ja im Anschluss wieder einkaufen muss. Diesmal Lakeballs und vietnamesische Regenkleidung im Internet.

Schwierig wird es dann auf dem Kreuzfahrtschiff, wenn da auch alle links aus dem Fenster gucken wollen. Denn dann besteht Kentergefahr.

Kann man beim Angeln eigentlich auch links überholen?

8. Juli 2015

HundeKinder

Heute war in unseren Medien mal wieder etwas Unterhaltsames abseits von Griechenland, Flüchtlingsdramen und Abhörgeschichten zu lesen:

„Beißattacken von Hunden nehmen in einigen Bundesländern zu. Der Sprecher des bayerischen Innenministeriums führt die steigende Zahl von Hunde-Attacken im Wesentlichen auf die steigende Zahl der Hunde in Deutschland zurück: ´Und wenn mehr Hunde auf den Straßen sind, kommt es auch zu mehr Beißattacken´, sagte der Ministeriumssprecher. `Mit einer wachsenden Aggressivität der Hunde hat das seiner Ansicht nach nichts zu tun.´ Logisch?

Wir können den Herrn Minister und seinen Sprecher mit gut interpretierter Statistik beruhigen: Diese Spezies Hund soll sich seit 2011 um 26% um immerhin 1,4 Mio. vermehrt haben. Die prozentuale Steigerung der Hundeangriffe ist dagegen nur um 13% gestiegen, was für eine zunehmende Zivilisierung und Integration dieser ehemals wilden Tiere in unsere Gesellschaft spricht. Andererseits haben die Beißattacken wohl die Falschen getroffen. Denn die Zahl der Einbrüche nahm im gleichen Zeitraum immer noch um 14%

zu. Leider kamen dagegen bei Hundebissen häufig Kinder zu Schaden. Dennoch kann damit die schwindende Anzahl von Kindern unter 14 Jahren um rund fünfunddreissigtausend pro Jahr nicht so gut erklärt werden, wie sich das manch einer unserer lieben, kinderfreundlichen Politiker so vorstellt und gerne als Ausrede für die gescheiterte Familienpolitik sämtlicher Bundesregierungen seit - ja seit wann reden wir über den demografischen Wandel überhaupt ? - missbrauchen würde. Und die zahlreichen Agility-Kurse von Madame mit Hund sind wohl doch eher nette Kuschelkurse und trotzdem inderfeindlich?

Seit 2011 haben wir in Deutschland immerhin noch ca. 2,5 Millionen bunte Babys begrüßt. Heißt aber: auf jede zweite Geburt kommen 1 neuer Hunde. Also alles nur noch eine Frage der Zeit, wann mehr Hunde in Deutschland leben als Rentner? Bis dahin sind die lieben Vierbeiner dann hoffentlich so zahm, dass sie uns nicht fressen.

Herrn Schäuble kann das also erst mal recht sein, dass seine Kabinettskollegin Manuela Schwesig, die **Familien**ministerin mehrfach deutlich gemacht hat, dass Geburtenraten nicht im Zentrum ihrer Aufmerksamkeit stehen, sondern sie als Gleichstellerin wahrgenommen werden will. Deshalb unterstützt sie ganz klar, dass vor allem junge Frauen Hunde führen und Männer zu Seepferdchen werden. Schäuble wird sich heimlich für seine Bürgermeister über steigende Hundesteuereinnahmen der Städte und

Gemeinden freuen und so weitere Zuwendungen an die notleidenden Kommunen einsparen können. Unterstützung erfahren beide Mitglieder der Regierung der Bundesrepublik Deutschland auf einem politischen Zukunftsfeld, das in anderen Ländern zentrale Bedeutung gewonnen hat, weil auch führende sogenannte von der Politik bezahlte Forschungsinstitute, wie das Rheinisch-Westfälische Institut für Wirtschaftsforschung (RWI), den Demografie-Diskurs in Deutschland dominieren und stetig Botschaften senden wie: „Wir werden älter und ′bunter′. Eine ′Herausforderung′, aber kein Grund zur Aufregung."

Vom voraussehbaren Zusammenbruch des Rentensystems in den 2030er Jahren ist bei diesen Herrschaften keine Rede. Ebenso wenig wie in den Rentenprognosen der Bundesregierung, die zufälligerweise nie über 2030 hinaus reichen. Dann werden nämlich die stärksten Jahrgänge der deutschen Geschichte aus dem Arbeitsleben scheiden. Aber bis dahin werden auch die Hunde immer bunter – der Dudel und der Pflegemops als Rassehunde – und passen dann schön auf uns auf. Oder sie fressen uns.

29. September 2015

Blutmond

Für den abergläubischen Mitteleuropäer steht der Blutmond als Vorzeichen für Unglück. Diese sehr spezielle totale Mondfinsternis dient manches mal vielleicht als Anlaß dafür, wahnsinnig zu werden oder sich in einen Werwolf zu verwandeln. Unsere wohlgenährten Politiker der aktuellen Bundesregierung sehen diesem Naturschauspiel heuer deutlich ängstlicher entgegen als sonst. Sie werden zwar nicht wahnsinnig oder zu Wölfen mutieren. Aber sie könnten ihre schönen Pöstchen verlieren. Der Blutmond bedroht sie also quasi als kollektive Apokalypse der derzeit Regierenden. Konkret die in absehbarer Zeit bevorstehende Abwahl der Pöstchen- und Quoten-Mutti Merkel? Ist ja vielleicht auch kein Wunder schaut man sich einmal die Errungenschaften der Regierungen unter der mächtigsten Frau Europas am 28. September 2015 mal an:

Zunächst ruht man sich jahrelang mal ganz relaxed auf den Maßnahmen des Vorgängers aus und genießt das Jobwunder und ihre wiederkehrenden weiblichen Wähler. Dem Scheinriesen Europa mit seinen 500 Millionen Einwohnern nutzten unsere deutschen Regierungen als wunderschöne Projektionsfläche für einen unerfüllten Traum von der neuen Weltmacht. Im interkontinentalen Vergleich stellen wir als Europäer aber wohl eher das Schlusslicht. Und schaffen mit den direkten Nachfolgern vom Hartz Peter zwar keinen Produktivitätsfortschritt dafür aber das Diesel-Kartell. Renten- und Sozialreformen bleiben beim Blick in den grünen Rückspiegel stets beim Start stehen. Unsere Jugend wird in einem Pseudo-Wissens-Hype in ziemlich vielen Fachidiotischen Studien verheizt anstatt sich an Arbeit zu gewöhnen. Studienfächer wie angewandte Paranoia sind nur die Spitze des Eisbergs. Die Liquiditätsmaschinen der Bundes-Länder wie e.on, RWE und ENBW werden mit einer alternativlosen Umstellung auf Windmühlen-Energie stillgelegt. Die Folgekosten des Atomzeitalters auf die Allgemeinheit ausgelagert. Krisenherde der Erde werden lange verniedlicht oder dazu genutzt unseren besorgten allein Erziehenden zu zeigen wie gut Deutschland - also ihre Mutti - zu ihnen ist. Deshalb wurde auch die Armee quasi stillgelegt und das Land verteidigungsunfähig gemacht. Abschaffung der Wehrpflicht, fluguntaugliche Drohnen, schiefe G 36 und lahme Leo's. Die Integration von Millionen Türken, Russlanddeutschen und Kosovo-Flüchtlingen ist total gelungen. Es wurden neue Erlebniswelten geschaffen. Zum Beispiel die romantischen Orte Neukölln, Marxloh, Katernberg. So attraktiv und so parallel, dass das Wort Polizei dort ein Fremdwort ist und aus dem Duden gestrichen werden kann. Infrastruktur der Republik auf dem Höhepunkt. Tolles Collect zählt nämlich gar keine LKW's sondern Schlaglöcher. Immer mehr Verkehr auf immer weniger Asphalt-Spuren: das nennt man Produktivitätssteigerung. Hauptstadtflughafen BER fliegt nie, da Einsturzgefahr: das ist neuer Schub für die Abfallindustrie.

Und dann nach diesen Nebensächlichkeiten noch ein paar kleine Höhepunkte: Beschwert sie sich halbherzig bei der Bild, die Angela wegen dieser nsa Affäre (Seit 2013): „...das geht gar nicht unter Freunden...", Hackerangriffe auf den Bundestag (Mai 2015) und vor ein paar Tagen der Angriff amerikanischer Tugendwächter auf unsere Dieselmotoren. Das ist natürlich Alles Zufall.

Griechenland und die Milliarden Spielgelder für den schlauen Juncker und seinen Kumpel Martin lassen wir als Nebensächlichkeit hier dann doch mal weg.

Zwischendurch kommen dann auch noch eine Handvoll Flüchtlinge aus für uns so wichtigen Exportländern, deren Lage wir natürlich unmittelbar zu verantworten haben. Nämlich aus den Krisengebieten des sogenannten Nahen Ostens. Jetzt wissen wir auch warum das nah ist: man kann sogar zu Fuß kommen. Aus den Ländern, aus denen die Cowboys mit wehenden Fahnen fluchtartig flüchteten, nachdem sie das Fracking erfinden konnten. Afghanen, die die Knute der Engländer - das sind die, die jetzt ihren Tunnel verschweißen - in Zeiten des britischen Empire zu spüren bekamen, Eritreär deren strategische

Besatzungsmächte Italien und Großbritannien hießen….

Deshalb: Made in Germany? Nein Herzlich willkommen in Deutschlands Sommermärchen. Wir haben zwar am Wissensstandort Deutschland keine aufeinander abgestimmten EDV Systeme, um Euch zu erfassen und zu verwalten. Wir wissen auch nicht wirklich, wie wir Euch hier glücklich und sicher machen können. Aber wir haben Willkommenskultur. Ein Spielchen am Mittag und ein Ständchen am Abend, eine schöne Zeltstadt im mitteleuropäischen Winter und eine Sprache, die ihr nicht versteht. Und in der es von Paragrafen nur so wimmelt. Aber kommt erst mal. Wir sind Angela und machen ein Selfie mit Euch Das könnt ihr dann nach Hause posten. Wir schaffen das. Wir schaffen nämlich alles. Und die Landsleute von Herrn Kretschmer im Schwabenland: Die schaffet und kennet alles. Außer hochdeutsch.

Einige Kollegen von Herrn Kretschmer und Frau Merkel im Führungsensemble unserer Demokratie im neuen Berlin der Jetztzeit werden sich morgen früh sicher sehr freuen, dass ihnen Herr Blutmond heuer nicht direkt im Regierungsviertel auf den Kopf gefallen ist. Bis zum nächsten Mal am 31. Januar 2018.

10. Oktober 2015

Bildungsdeutschland

Wissen ist Macht. Wusste schon der alte Fritz. Ist also nichts wirklich Neues. Weshalb hat dann Frau Dr. Merkel jetzt wieder mal die Wissensgesellschaft ausgerufen und bereitet so den Weg für weitere Investitionen und Subventionen für die ehrgeizigen Projekte unserer Elite- und sämtlicher Provinzhochschulen. Immer zahlreicher werdende Professorenplanstellen und steigende Gehälter müssen schließlich finanziert werden. Für eine Armada von Schreibtisch- und Internetztätern, die gegenseitig voeinander abschreiben und tagen und tagen und tagen. Für die Flutung der Republik mit Workshops, Reihenuntersuchungen, Bachelor-, Master- und vor allem sich epedemisch verbreitenden Doktorarbeiten.

Auch wenn die Bedeutung akademischer Grade wie des erstrebenswerten Doktortitels nach den Episoden Guttenberg, Schavan oder von der Leyen unter die Räder zu kommen scheint, werden die Erfolge unserer Hochschulen ja auch vor allem an der Zahl der Promotionen bemessen. Da kann das Handwerk oder die Industrie noch so rufen, dass Fachkräfte fehlen. Aber die so genannte Wissensgesellschaft bleibt ein Steckenpferd der Kanzlerin.

Bisher galten ja Hochschulen, insbesondere die Universitäten gemeinhin immer noch als Horte unabhängiger Wissenschaften. Sie sollen sich auszeichnen sich durch die Einheit und die Unteilbarkeit von Forschung und Lehre. Nur eine Lehre, die sich ständig aus der Forschung erneuert, ist eine universitäre Lehre. Nur sie erfüllt den Anspruch einer Ausbildung durch Wissenschaft. Ergo dient die Uni ursprünglich als Quell unserer Innovationen und unseres Fortschritts. Den Erfolg der Institution könnte man ablesen an der Anzahl der Patente zum Beispiel. Setzt man aber die Entwicklung der Anzahl der Professoren ins Verhältnis zu den angemeldeten Patenten seit 2005 so stellt der Staatscontroller fest: Die Anzahl der Professoren steigt zwichen 2005 und 2014 um knapp 8000 (+21%, gleichbedeutend mit einem Kostenaufwand von mindestens einer kleinen Milliarde), die Anzahl der Patente liegt im Jahr 2014 aber nur 9% über dem Ergebnis des Jahres 2005. Interessant ist schließlich die „Produktivität" des einzelnen Professors, die im Mittel stark abnimmt (-10%).

Über Gründe liegen keine gesicherten Erkenntnisse vor. Aber liegen die Gründe auf der Hand: Gleichstellungstellen, Genderforschung, Sorabistik oder Alte Welt machen keine Patente.

Übrigens: Frau Ex-Dr. Schavan war Bundes-bildungsministerin von 2005 bis 2013. Unter Frau Dr. Merkel, ihre gute Freundin.

16. Oktober 2015

Unser neues Enkelkind

Es musste ja so kommen. Dass ich mich mit diesem Thema doch intensiver beschäftige.

Wir, also mein Kurt und ich sind ja recht ordentliche Spieß-Bürger dieser Republik. Wir sind sparsam, leben zurückgezogen und besuchen keine sinnlosen Partys. Wir sind umweltbewusst und fahren deshalb einen Blue Motion Passat Baujahr 2011. Wir spenden unsere neuwertigen Kleider und Schuhe, wir essen kaum noch Fleisch aus Angst um die Tiere, die wir besser exportieren wollen, um damit den Hunger auf der Welt zu lindern. Wir spenden für krebskranke Kinder, für alleinstehende Mütter, für´s Frauenhaus und sind ehrenamtlich im Gartenbauverein tätig. Die Erzeugnisse aus unserem Gemüsegarten stellen wir der Tafel in unserer Stadt zur Verfügung.

Über die sichere Rente von Herrn Blüm, die wir eines Tages bekommen werden, freuen wir uns heute aber trotzdem schon. Darüber, dass unsere drei Kinder allesamt nach einem langen und teuren, aber exotischen Studium in einem der mehr als 20.000 Studiengänge deutscher Universitäten einen todsicheren Job gefunden haben, der sie zuverlässig die nächsten zwanzig Jahre ernähren wird, sind wir richtig glücklich.

Einen kleinen Wermutstropfen gibt es aber doch in unserer beschaulichen Idylle. Das Kinderzimmer unserer 80 Quadratmeter-Drei-Zimmer-Wohnung steht nun schon lange leer. Das Stockbett starrt uns jeden Tag erwartungsvoll an, scheint zu fragen: „Wann kommt das Enkelkind zum Übernachten"? Also, kein Tag vergeht, an dem wir uns nicht mindestens ein Enkelchen wünschen, dass uns später mal dabei hilft, dass wir mit einem guten Gefühl von der Platte verschwinden. Und etwas für den Fortbestand der unserer Art getan haben. Ein oder zwei oder besser drei Kinder unserer Kinder, die tagein tagaus von morgens bis abends damit beschäftigt sind, ihre Arbeitgeber und Aktionäre bei verantwortungsbewussten Arbeitgebern wie Deutsche Bank, VW, beim deutschen Fußballbund oder sonst wo glücklich und reich zu machen und dabei ständig auf der Autobahn hin und her fahren. Aber wir wollen uns nicht beschweren und nicht mehr lange warten. Auf unser Enkelkind!

Und da sehen wir diese armen unbegleiteten Jugendlichen aus der dritten Welt, die über unsere grüne Grenze kommen. Hunger leiden, nun endlich westlich sozialisiert werden wollen und von Hartz IV leben müssen. Und wir hören und lesen, dass der gute Til Schweiger, die grüne Katrin und sogar unsere liebe Mutter Angela doch so gerne einen Momo oder eine Malaika bei sich aufnehmen würden, aber leider keinen Platz haben in ihren bescheidenen Häusern. Und kein Personal, das sich fürsorglich um die lieben Kleinen kümmern kann.

Auch unser Nachbar, der Beamte im gehobenen Staatsdienst, der noch persönlich die Fahnen geschwenkt hat am hiesigen Bahnhof kommt vor lauter Fürsorge um seine Mitarbeiter und Politikerfreunde nicht zu dem Engagement, dass er er sich vorgenommen hat und so sehr wünscht von seinen Mitbürgern.

Also werden wir wieder die Welt retten. Und unsere arme Seele. Morgen kommen Ahmed und Mohammed zu uns nach Haus. Wir werden sie adoptieren. Wir werden die letzten zwanzig Jahre Erfüllung finden. Und die beiden werden uns helfen, unseren Garten umzugraben und unsere Rente zahlen. Und eines Tages werden sie Horst wählen.

29. Oktober 2015

Der Turmbau

Der „Turmbau zu Babel" ist zusammen mit der babylonischen Sprachverwirrung eine der bekanntesten biblischen Erzählungen des Alten Testaments (Genesis 11,1–9 EU). Obgleich oder gerade weil diese nur einen geringen Umfangs von nur neun Versen hat. Deswegen halten wir uns heute auch kurz. Fast so schön kurz wie die aktuelle Fernsehwerbung einer bekannten deutschen Baumarktkette mit gleichem Bezug.

Eben dort in dieser Erzählung wird das Turmbau-Vorhaben als Versuch der Menschen gewertet, ihrem Gott gleichzukommen. Wegen dieser Selbstüberhebung bringt Gott den Turmbau aber unblutig zum Stillstand, indem er auf wunderbare Weise eine Sprachverwirrung hervorruft, welche in der Folge die am Projekt Beteiligten wegen unüberwindbarer Verständigungsschwierigkeiten zur Aufgabe des Projektes zwingt und die daran Bauenden aus dem gleichen Grunde über die ganze Erde zerstreut.

Nun ist das Alte Testament sicher nicht mehr die autorisierte Grundlage unseres Zusammenlebens auf dem Europäischen Kontinent, dennoch sei hier der Versuch unternommen, dieses biblische

Gleichnis auf die heutigen Herausforderungen zu übersetzen.

Heute muss man das nicht enden wollende Multikultur-Globalisierungs-Vorhaben wohl als Versuch der europäischen Politik unter dem Diktat der sogenannten Märkte werten, der Welt eine Endrettung auf dem europäischen Kontinenet verordnen zu wollen. Und zwar in allen Fragen. Dabei tut sich momentan eine uns allen bekannte Regierungschefin besonders hervor. Wegen dieser Selbstüberhebung könnte es am Ende dazu kommen, dass die Völker Europas und seine Gäste am Ende ohne die sich selbst erhöhenden Politiker diese gesamte Unternehmung unblutig zum Stillstand bringen, indem Sie auch wegen der bereits durchaus wahrnehmbaren, vorhandenen Sprachverwirrung eine totale Verständnisverwirrung hervorbringen, welche wegen letztlich unüberwindbarer Zersplitterung der unterschiedlichsten Ansichten in den verschiedenen Bevölkerungsgruppen die Protagonisten zur Aufgabe des ziemlich ehrgeizigen Projektes zwingt und die daran Bauenden aus dem gleichen Grunde aus ihren gut bezahlten Ämtern auf den nun ordentlich erforschten Mars verjagt.

Der Turm fällt in sich zusammen und alle ziehen wieder in ihre kleinen Häuschen. Deshalb sind Zäune gegen die Flüchtlingsströme wohl auch nicht nötig.

19. November 2015

Merkel trennt sich von Herrn König

Es war so geheim. Aber nun ist es doch heraus gekommen. Aus den wie üblich gut informierten Kreisen war heute Nacht zu erfahren, dass die Kanzlerin den aufziehenden Niedergang des deutschen Fußballs nicht mit ihrem eigenen Schicksal verknüpfen will. Sie trennt sich vom König.

In erster Linie spielt dabei wohl die Tatsache eine Rolle, dass der Fußballsport doch auch nur ein ganz gemeines Geschäft ist wie so viele andere. Und dass der Fußballkönig gar kein König ist, sondern auch nur ein profaner Geschäftemacher.

Da sind zunächst die Synonyme für das klägliche Versagen und die narzisstische Arroganz einer ganzen Branche, auf die Angela Merkel einst ihr Mitterechtslinksgrünschwarzrotbunt-Wähler-Programm aufgebaut hat und die sie nun beschäftigen. Beispiele gefällig? Die großen Meister des Spektakels wie die Herren Höneß, Blatter, Niersbach oder der Herr Warner, ein entfernter Cousin des Herrn Obama und demnächst die Lichtgestalt Herr Beckenbauer geben der Chefin gerade allzu viel zu denken. Sie werden nun zunächst alle interimistisch ersetzt durch einen sehr bemühten westfälisch trockenen Rechtsanwalt namens Rau(f)ball. Durch was sonst:

„Denn in der Not hilft der Jurist, auch wenn er Dein Freund nicht ist". Das ist aber nur auf den ersten Blick Vertrauen erweckend. In Wahrheit ist dieser Versuch einer stabilisierenden Maßnahme ein Menetekel für die Regierung. Denn im innersten Zirkel im Kanzleramt sitzen schließlich auch ein paar „Einser" Juristen. Wie der nette Herr Altmaier zum Beispiel. Und der macht doch immer einen so souveränen und vor allem schwer kompetenten Eindruck. Besonders wenn alle gegnerischen Wortgeschosse so mir nichts dir nichts und ganz lässig an einer Nano-Partikel bewehrten Speckschwarte abperlen. Oder wenn tiefste Betroffenheit, die aus der eigenen Zukunftsangst entspringen muss, signalisiert wird. Das müssen die Fußball-Yogis erst doch noch lernen. Denn Merkels und Altmaiers gehen im Gegensatz zu den Herren Höneß und Warner nie in den Knast.

Hinzu kommt nun noch erschwerend, dass neuerdings selbst die großen Stadien des Landes, die Festhallen des Volksvergnügens, die Trutzburgen des neuzeitlichen Entspannens, die Horte der edelsten aller Ligen nicht mehr sicher sind. Wie sagte Herr Gabriel sinngemäß: „Wir können doch nicht die Zugbrücken heraufziehen". Recht hat er. Wir sehen, selbst den Fußballfunktionären, der Hoffnung des neuen europäischen Reichs, gelingt das nicht mehr. Systemfehler? Oder liegt es nur am ungrünen, unfähigen Innenminister. Oder nur daran, dass die Fußballonkels nur die Kohle scheffeln wollen, ohne dabei für die Sicherheit der Steuerbürger aufzukommen?

Nachdem auch der National-Sturm seit dem Sieg über die Seleçào nun schon lange wieder ein Problem ist - es „müllert" nur noch selten, „öziln" und „khediran" tut´s ja trotz aller Willkommenskultur und Heilungskünste unserer Physiotherapeuten und Psychologen schon gar nicht mehr - gerät neuerdings also auch die Verteidigung ins Wanken. Die Verteidiger der Nation, die Ausputzer an den rechten und linken Flanken des Landes funktionieren nicht mehr richtig nach dem Rücktritt des folgsamen Philip. Die Durchhalteparolen des inzwischen - nach dem irritierenden „Wir-sind-doch-nicht-nur-Helden" Erlebnis in Paris - nicht mehr ganz entspannt wirkenden Durchhaltparolen beschäftigten Bundesyogis* klingen auch nur halbherzig und sind zuweilen für alle Deutschen ob des nach wie vor spürbaren schwäbischen Dialekts manchmal nur schwer verständlich. Mutti selbst muss nun vorsorglich und unter Aufbringung der ganzen Überzeugungskraft ihres Peters aus dem Stadion ferngehalten werden, damit sie uns weiter regieren kann. Das alles wurde innerhalb von ein paar Minuten entschieden. Und sie wurde gar nicht gefragt. Das trifft sie hart, kann sie nicht ihr im Jahreskalender geplantes Untertanen-Winke-Winke machen an dem Abend, an dem Herrn Sauer die Erbsensuppe angebrannt ist. Das hat sie euch übel genommen, liebe Fußballfreunde.

Was passiert, wenn nun noch der Peppi versagt und damit die Bayern vom Horst? Und mia gar nicht mehr mia ist sondern dia? Das will sie gar nicht mehr wissen. Sie wird sich vom König genauso trennen wie von den anderen Herren zuvor. Ihre Dauerkarten soll sie schon sämtlich zurückgegeben haben.

*   Und dem Yogi empfehlen wir den Yogi Tee, den ayurvedischen Gewürztee. Es sind mehr als 50 verschiedene Teemischungen erhältlich. Also mehr Tee`s als taugliche Linksaussen. Der klassische Yogi-Tee besteht aus einer Gewürzmischung mit Zimt, Kardamon, Ingwer, Nelken sowie schwarzem Pfeffer. Ist also eine bunte Mischung und wirkt manchmal beruhigend, manchmal anregend. Je nach Spielverlauf.

22. November 2015

Zum Wert von Prognosen

Steen Jakoben ist Chefvolkswirt der dänischen Saxo Bank. Jahr für Jahr veröffentlicht er für die Saxo Bank im Dezember seine mittlerweile viel beachteten „Outrageous Predictions", was übersetzt „provokante Thesen" bedeutet. Bei diesen provokanten Thesen handelt es sich um zehn Szenarien, die relativ unwahrscheinlich sind. Allerdings bergen sie bei Unterschätzung hohe Risiken mit enormen Folgen für die globalen Märkte. Zu den Thesen von Steen Jakobsen für das Jahr 2015 gehört beispielsweise der mögliche Ausstieg Großbritanniens aus der Europäischen Union oder die Amtsniederlegung von Mario Draghi als EZB-Präsident. Ich habe malm nachgeschaut, was daraus geworden ist.

1.   Zusammenbruch   des   britischen Immobilienmarkts

Studien zufolge wird die Dynamik auf dem britischen Immobilienmarkt, vor allem in London, schnell nachlassen. Durch die bevorstehende Zinserhöhung der Bank of England wird Großbritannien 2015 einen Immobilien-Crash und einen Preisrückgang von sage und schreibe 25 Prozent erleben. ➜ *Stand heute: „Wir erwarten, dass die Hauspreise nächstes Jahr um zehn*

Prozent steigen werden", so Robert Wood, UK-Volkswirt bei der Berenberg Bank.

2. Inflation in Japan erreicht 5-Prozent-Marke

Das Vertrauen in den Yen ist durch die aggressive Geldpolitik der japanischen Notenbank erschüttert, deren Chef feststellen muss, dass seine Inflationspolitik einen zu großen „Erfolg" gezeitigt hat. Es ist ein Symptom dafür, dass Japan die Kontrolle über seine Währung verloren hat. ➜ *Stand heute: Die Inflation in Japan entwickelte sich im Verlaufe des Jahres 2015 zurück auf 0,75% und lag im September bei 0% (statista).*

3. China wertet Yuan um 20 Prozent ab

China wird nach Möglichkeiten Ausschau halten, den enormen Deflationsdruck – die Kehrseite des Kreditbooms – zu verringern. Im Zuge der lauernden Deflationsgefahren schneidet sich China eine Scheibe von der Bank of Japan ab, beschließt eine Entwertung des Yuan um 20 Prozent und folgt so dem Beispiel Japans bei seinen Anstrengungen, Inflation und Nachfrage zu erhöhen. ➜ *Stand heute: Sie haben es tatsächlich getan. Aber nur um 12%.*

4. Draghi legt Amt bei der EZB nieder

Um die Deutschen vom QE-Programm der Europäischen Zentralbank zu überzeugen, tritt Mario Draghi von seinem Amt zurück, damit die EZB ihre Politik der quantitativen Lockerung unter einem neuen Präsidenten, Jens Weidmann von der Bundesbank, fortsetzen kann. Draghi sieht größere Chancen für seine Qualitäten in Italien, wo er von Präsident Napolitano als sein Amtsnachfolger vorgeschlagen wird. ➔ *Stand heute: wie wir wissen spielt Herr Draghi seine Euroüberschwemmungsspielchen ohne Unterlass, wenn auch ohne nachhaltigen Erfolg. An Rücktritt denkt er lange nicht mehr.*

5. Russland wieder in der Schuldenkrise

Aufgrund stark fallender Ölpreise und einer kalten Finanzschulter von Russlands geopolitischen Widersachern, werden russische Großkonzerne oder die Regierung selbst Bestandteil einer immer stärkeren Auslandsverschuldung. Zusammen mit einer diplomatischen Lösung der Ukraine-Frage ist eine Schuldenkrise wie 1998 notwendig, um die Zukunft des Landes zu sichern. ➔ *Stand heute: natürlich befindet sich Russland in einer schweren Schuldenkrise. Die Verschuldung in Relation zum Bruttoinlandsprodukt stieg auf 20,4%. Damit erreicht Russland nur einen abstiegsplatz. Die Schuldenquote in den Vorzeigeländern zum*

Vergleich: Griechenland 194%, USA 105%, Frankreich 97%, Deutschland 71%.

6. Internet-Hacker zerschlagen den E-Commerce

2015 werden die größten E-Commerce-Player Opfer von noch umfangreicheren und schärferen Angriffen sein, die wahre Schockwellen bei Internet- und Cloud-Dienstleistern auslösen. Aufgrund der starken negativen Auswirkungen auf die E-Commerce-Branche und auch seiner Überbewertung erleidet Amazon.com, der größte Internethändler und führender Anbieter von webbasierten Dienstleistungen, einen Rückgang von 50 Prozent. **➔ Stand heute: Amazon steigert den Umsatz im 3. Quartal 2015 ggü. Vorjahr um 20%. Die einzigen Hackeraktivitäten die erfolgreich sind, aber dann unmittelbar verboten werden sind die der sogenannten Anonymus genannten Organisation auf das Intranet des IS.**

7. Vulkanausbruch macht Sommer in Europa zunichte

Wie der Vulkan Laki im Jahre 1783, bricht der bereits aktive isländische Vulkan Bardarbunga 2015 aus und setzt enorme Mengen an giftigem Schwefeldioxid und anderen Gasen frei, die den Himmel über Europa verdunkeln. Der Ausbruch führt zu einer Veränderung der

Wetterbedingungen und schürt Ängste vor Ernteausfällen in ganz Europa. Die Getreidepreise verdoppeln sich, obwohl sich die Auswirkungen des Vulkanausbruchs als weitaus moderater erweisen, als ursprünglich befürchtet. ➔ *Stand heute: Grobe Fehleinschätzung. Trotz akuten Wassermangels im Bayerischen Wald fiel weder die Ernte aus, noch mussten Lebewesen verdursten.*

8. Kakao-Futures erreichen Rekordmarke von 5.000 USD pro Tonne

Weltweit steigt die Nachfrage nach Kakao, da der westliche Gaumen dunklere Schokolade bevorzugt und immer mehr Asiaten ihre Liebe zu Schokolade entdecken. Aufgrund des sinkenden Kakaoangebots infolge der Sorge vor dem Ebola-Virus sowie der zu geringen Investitionen in wichtigen westafrikanischen Erzeugerregionen, liegt der weltweite Verbrauch von Kakao deutlich über seiner Produktion. Diese Tatsache wird sich 2015 in einem Rekordpreis für Kakao von über 5.000 USD pro Tonne niederschlagen. ➔ *Stand heute: Dieser wahnsinnig spannende Zockerwert stieg im Jahresverlauf von 2927 US$ auf 3259 US$. Also um 11%. Der Euro wertete im gleichen Zeitraum um 14%gegenüber dem $ ab.*

9. Großbritannien nach erdrutschartigem Wahlsieg der UKIP vor möglichem Ausstieg aus der EU (Brexit)

Bei den britischen Unterhauswahlen am 7. Mai 2015 erringt die UK Independence Party 25 Prozent der abgegebenen Stimmen und zieht dadurch sensationell als drittgrößte Partei ins Parlament ein. Die UKIP bildet eine Koalitionsregierung mit der konservativen Partei von David Cameron und ruft 2017 zum geplanten Referendum über die Mitgliedschaft Großbritanniens in der EU auf. Die britische Staatsverschuldung nimmt deutlich zu. ➜ *Stand heute: Die UKIP erhielt trotz der Rechtsruckphobie in Europa nur 12,5% der Stimmen. UK ist immer noch Mitglied der EU. Die Staatsverschuldung ist von 90% auf sagenhafte 91% gestiegen.*

10. Spreads bei hochverzinslichen Unternehmensanleihen verdoppeln sich

Nach einer deutlichen Veränderung bei hochverzinslichen Anleihen sind Anleger, die 2015 nach Ausstiegsmöglichkeiten suchen, mit geringer Liquidität und starken Preisrückgängen konfrontiert. Mit dem massiven Abverkauf hochverzinslicher Kredite erschüttern neue Schockwellen wieder die schwache europäische Wirtschaft in ihren Grundfesten. Der Markit iTraxx Europe Crossover-Index verdoppelt sich 2015 auf 700 Basispunkte. ➜ *Stand heute: Ich habe mich noch nie für Geldverbrennungsmaschinen interessiert. Vermutlich liegt die Basis aber nicht viel höher als bei 100*

Wahrscheinlich wird uns Herr Jacobsen für 2016 auch eine These, die die Bundesrepublik Deutschland betrifft, auftischen. Er wird die Voraussage wagen, dass die Deutschen schaffen, eine Verteilungsquote für Flüchtlinge durchzusetzen und sofort alle Zugewanderten in den ersten Arbeitsmarkt integrieren und so auf einen Schlag alle demografischen Probleme des Abendlandes lösen. Zudem wird das Grundgesetz geändert und eine neue bunte Flagge genäht. Er hat dabei allerdings übersehen, dass es sich hier um ein Versprechen der Dr. Merkel handelt.

5. Dezember 2015

Mal wieder Verkehr gehabt

Mein Ulfi. Kam er wieder mal nach Hause von seiner Arbeitswoche. Heute am Donnerstag. Statt mir Blumen mitzubringen beschwert er sich wieder bei mir über den furchtbaren Verkehr da draußen. Deshalb wollt ich endlich mal wissen was da dran ist an seinen Beschwerden über den Dobrindt und seinen Verkehr.

Also: woran das liegt mit dem Stau in der Stadt habe ich schnell rausgefunden: da sind ganz viele Baustellen, um die Vollbeschäftigung der orangenen Truppen zu gewährleisten und da gibt es immer mehr und immer mehr seltsame Ampelschaltungen: Grüne Wellen sind seit grüner Politik unbekannt. Moderne Computersysteme - sogenannte intelligente Steuerungen - kennen so etwas wohl auch noch nicht. Und dann sind da noch unsere besorgten Ein-Kind-Familien-Helikopter-Muttis und -Papis, die jeden Tag ihre insgesamt 5,5 Millionen lieben Kleinen im Alter von einem halben bis zu 10 Jahren zur Tagesmutti, in den Kindergarten oder in die Grundschule fahren müssen. Mit Autos, die selbstverständlich so groß und so sicher sind wie früher unser Schulbus für meine 60 Freundinnen aus meinem Viertel. Gibt bei einer durchschnittlichen Fahrzeuglänge von 5,20 Metern jeden Tag hintereinander aufgereiht bereits eine Fahrzeugschlange von ungefähr

27.500 Kilometern. Anschließend fährt die Hälfte von den Genannten dann zur gleichberechtigten Arbeit ins 18 km entfernte Nebenörtchen oder zur Schwiegermutter. Nochmal 13.750 Kilometer Fahrzeugschlange. Dazu kommt dann noch die Hälfte der andern 40 Millionen Berufstätigen mit Ihren Autos, die auch fünf Meter lang sind. So entsteht alle drei Tage allein aus unseren PKW´s eine marginale Fußgängerbrücke aus aneinandergereihten Fahrzeugen zum Mond und ein Stückchen weiter. Das war einfach und beruhigt Jeden bei Stau am Morgen.

Das mit dem Autobahnstress habe ich dann allerdings nicht so schnell gecheckt. Erst hab ich´s auch mit statistischen Modellen versucht. Die haben mir erklärt, dass heute die Auslastung der Autobahnen gegenüber dem Jahr 2000 (das war noch ein Jahr mit gefühlter Autobahnfreiheit unter Kanzler Schröder) nur um 4% zugenommen hat. Jeden Kilometer Autobahn, die Herr Dobrindt uns heute gegen die Überlassung unserer Kfz Steuern (nebenbei: Mrd. €) zur Verfügung stellt befahren wir mit in Deutschland zugelassenen Kraftfahrzeugen nur lächerliche 57.000 Mal im Jahr. Im Jahr 2000 waren das auch schon 54.000 Einheiten. Na das geht doch. Das sind pro Tag nur 156, pro Stunde nur 6 und pro Minute nur 0,1 andere Fahrzeugerscheinungen, mit denen man auf diesem schlappen, im Durchschnitt zweispurigen Kilometer rechnen müsste. Also gut. Wir verdoppeln; weil die Meisten fahren ja

Tagsüber. Und wir verzehnfachen nochmal: Weil die andern Meisten fahren zu Stoßzeiten. Also sind mir in der Minute doch nur zwei andere im Weg. Also wo ist das Problem? Vielleicht die Geschwindigkeit? Also sag ich Ulfi: Fahr langsam. Denn wenn Du immer mit 200 Sachen unterwegs bist und die andern mit 80 dann siehst Du alle paar Sekunden einen weiteren Raser oder Laster. Und das wird es gefühlt doch echt zu voll. Vor allem, wenn dann noch die 20 Millionen LKW aus Polen, Rumänien und Holland dazu kommen. Von den Handelsvertretern und Urlaubern von Riga bis Lissabon mal ganz abgesehen.

Also Ulf, entspann Dich, fahr mal des Nachts und bleibe mal öfter daheim.

10. Dezember 2015

Henriettes Prognosen für 2016

1. Die Maut kommt nicht. Dafür gibt es aber noch mehr Autobahn-Baustellen.
2. Die deutsche Wirtschaft wird den Konjunktureinbruch, mit dem durch den Welt-Krieg im Nahen Osten zu rechnen ist, verkraften.
3. Das Finanzergebnis des Volkswagen-Konzerns wird sich allerdings dramatisch verschlechtern. Gegenläufig werden harte Einsparungen in den Berater-Budgets durchgesetzt.
4. Die Engländer werden noch nicht über den Verbleib in der EU abstimmen.
5. Die Auflagen der Satire-Zeitschrift „Charlie Hebdo" werden wieder dramatisch sinken.
6. Mario Draghi wird endlich griechische Staatsanleihen aufkaufen. Herr Weidmann findet das dann auch gut und Herr Schäuble wird einen Nachtragshaushalt einbringen, um anschließend endlich wieder Steuererhöhungen durchsetzen.
7. Die Anzahl der Terrortoten in Deutschland wird weiterhin unter der Anzahl der Verkehrstoten liegen.
8. Mutti´s Neujahransprache für das Jahr 2016 wird im bereits bekannten NLP-Durchhaltemodus nach den Jahresparolen der vorangegangenen Jahre „Folgen Sie denen nicht" und „Wir schaffen das" der

Aufruf „Wir schaffen zwar eine Farbe ab, aber alles bleibt bunt" sein.

9. Lothar Matthäus wird immer noch nicht Trainer des FCB, auch wenn damit die Chancengleichheit in der Bundesliga deutlich gesteigert würde.

10. Martin Schulz wird rheinisch jovial aber mit Tränen hinter seiner eleganten Brille erneut verkünden, dass der europäische Einigungsprozess immer noch stockt und baut deshalb seinen Stab um weitere 38 Mitarbeiter aus.

11. Die Richard Wagner Festspiele werden auch 2016 wieder in Bayreuth stattfinden und es werden die üblichen Ränkespiele vorgespielt. Angela Merkel wird ein neues Kleid tragen. Neben einem Frei-Kartenkontingent für hilfsbedürftige zur Generalprobe wird es ein großzügiges Freikartenkontingent für Flüchtlinge zur Premiere geben.

12. Mein Bio-Huhn wird bis zu seinem natürlichen Ableben in 2016 wieder täglich ein Ei legen.

13. Und: ich werde wieder ein Jahr älter.

Neujahr 2016

Danke Berlin

Zunächst einmal allen ein gutes und gesundes Neues 2016!

Im deutschsprachigen Raum wird der Silvesterabend ungefähr seit der Römerzeit traditionell häufig in Gesellschaft begangen. Zum Jahreswechsel um Mitternacht wird das Neue Jahr zumeist mit großem Getöse, also Feuerwerk, Böllern und Glockengeläut gefeiert. Das Feuerwerk sollte nach heidnischen Glauben früher „böse Geister" vertreiben und drückt heute auch Vorfreude auf das neue Jahr aus. In der jüngeren Geschichte so genannter zivilisierter Kulturen erfreuen sich Silvesterparties mit Volksfestcharakter zunehmender Beliebtheit und stellen einen wichtigen Wirtschaftsfaktor besonders in Städten ohne sonstige bedeutende Wertschöpfung, also in den schön hergerichteten Verwaltungsmetropolen, dar. Und dies auch 300 Jahre nach dem Sonnenkönig getreu dem Motto: je mehr Regierungsmacht, desto dekadenter das Fest. Wohl deshalb rühmt sich Berlin nun als Marktführer unter den Silvesterparty-Anbietern europaweit mit einer Million Party-Gängern. Der Berliner Großflughafen ist heute zwar von seiner Fertigstellung noch genauso weit entfernt wie vor einem Jahr, dafür konnten die bereits vor einigen Jahren eingestellten Mitarbeiter für die

Sicherheitskontrolle heuer zu Übungszwecken aber schon einmal für eine alternative Aufgabe rund um die Spaßkontrolle am Tiergarten-Zaun eingesetzt werden. Echter Härtetest!

Aber was hat das mit meinem Leitthema „Die Erde rächt sich" zu tun? Fragen sie jetzt zurecht. Kurzer Rückblick auf den Weltklimagipfel in Paris vor ein paar Tagen: „Ohne Handeln der Schwellenländer sei das Zwei-Grad-Ziel gar nicht mehr zu erreichen" sagte die Bundes-Chefin im Anschluss an diese denkwürdige Konferenz (PM 446). „Sie" als Vertreterin einer der größten Dreckschleudern weltweit „begrüße es deshalb sehr, dass China mit 2030 jetzt zum ersten Mal einen Reduktionszeitpunkt genannt habe. Damit sei ein neuer Zeitabschnitt eingeläutet. Die Industrieländer hätten die Aufgabe, Technologien zu entwickeln, von denen dann auch Schwellen- und Entwicklungsländer Gebrauch machen könnten." Jetzt wissen wir auch wofür die Schwellenländer bei diesem Bemühen besonders in Berlin zum Beispiel so gebraucht werden:

-       Damit wir den Massentourismus zum Silvester-Super-Spaß per Auto, Bahn und Flieger zur Silvesterzeit nach Berlin weiter sorgenfrei organisieren und an der Mineralöl-, Flughafen- und an der leider von der tödlich verwundeten Klientelpartei reduzierten, kümmerlichen Mehrwertsteuer der Hotellerie die Staatskasse auffüllen können.

-      Damit wir die Autobahnen von und nach Berlin als weltweit erste Real-Teststrecke für umweltverträgliche Volksmotoren in Betrieb nehmen können.

-      Um im Gegensatz zu Shanghai oder Frosinone bei Rom Berlin-Stadtmitte weiterhin als Testgelände für schöne bunte Raketen, mit deren Schubkraft heute noch eine Rakete der Bauart Saturn V zum Mond geschickt werden könnte, nutzen zu können. Hier werden nämlich neue exportfähige Technologien zur Herstellung völlig abgasfreier und umweltverträglicher Silvesterböller erprobt. Psst nicht weiter sagen!

-      Damit eine vollkommen abgasfreie Müllentsorgungstechnologie mit der Logistik von bis zu 1500 Mitarbeitern zum jeweiligen "Tatort" weiterentwickelt und tausende Tonnen Sondermüll umweltschonend und energiefrei zur Blockkraftheizwerkverbrennung nach Adlershof verbracht werden können.

-      Damit sich die Berliner Stadtwerke mittelfristig als der weltweit größte Emittent von Lichtverschmutzung bei gleichzeitiger Überlastung des städtischen Stromnetzes brüsten können. Taghelle Beleuchtung auch noch nachts um vier Uhr dreißig! So wird nämlich geübt, wie man böse Geister auch in Zukunft vertreibt. Egal von welcher Seite sie kommen.

- Und der deutsche Durchschnitts Michel endlich ein Gefühl dafür bekommt, wie sich die große Freiheit in der Stadt anfühlt, die 4% der Einwohner des Landes beherbergt, die gleichzeitig 40% aus dem Länderfinanzausgleich für ihr ansonsten kärgliches Leben – schlappe 3,5 Mrd. € übrigens - pro Nase also 1.000 €, vergleichbar mit einem Durchschnittsgriechen, quasi als Partyzuschuss erhalten...

So fängt global umfänglich verantwortungsvolles Handeln in einer Regierungsstadt doch an? Oder? Frei nach Konrad Adenauer würde Ede nun sagen: „Wat interessiert mich meen Jeschwätz von jestern...Wir sin doch nich völlig behämmert...Hooptsache Spaß!"

Danke Berlin. Danke für die große Party, die mich leider gar nicht interessiert. Hier auf den Osterinseln. Und leider rächt sich die Erde woanders.

Ein trauriger Nachtrag

Anfang Januar 2016

Köln und die Meinung meines Mannes

Viel schneller als erwartet zeigen sich die auf den vorangegangenen Seiten verklausuliert zugespitzten Thesen in der Silvesternacht in Köln und anderswo.

Der Kommentar meines Mannes ist nötig und spiegelt inzwischen die Meinung großer Gruppen in der Bevölkerung wieder.

„Nach diesen Unmöglichkeiten auf der Kölner Domplatte, in Hamburg und sonst wo in der Silvesternacht könnte ich jetzt ganz cool einen meiner Kollegen an einen Ausspruch nach Frau Merkels historischen Selfie erinnern: „Du wirst noch an mich denken" und zur Tagesordnung übergehen. So wie immer.

Aber heute muss ich unter körperlich spürbaren Schmerzen und irgendwie halb gelähmt vor Schreck gestehen, dass die Täter von Köln geschafft haben, was über einer Million Flüchtlingen bisher noch nicht wirklich gelang: Ich fühle mich tatsächlich angegriffen, verhöhnt, verhärtet, herausgefordert. Da stehen hunderte junge Männer einer anderen Kultur auf den Stufen des Kölner Doms, auf den Stufen dieses Zeugnisses der europäisch, christlichen Kultur und beklatschen die Niedrig- und Widerwärtigkeiten ihrer vollkommen unkultivierten Gesinnungsgenossen. Die offenkundig mangelnde Personalausstattung und fehlende Einsatzhärte der Polizei sowie das andauernde Ausweichen unserer weichgespülten Politik und unserer staatlichen Presselandschaft verstärkt diese Gefühlslage sehr. Hinzu kommt das für Männer deprimierende Gefühl der Hilfslosigkeit. Zwar hat mich hier in meiner provinziellen Ruhe noch niemand geschlagen oder bestohlen, denn ich war zu Silvester weder auf der Domplatte, noch in St. Pauli und auch nicht in Stuttgart. Und ich lebe auch Gottseidank nicht in der Nähe sogenannter „no go areas". Aber dennoch die haben mitten im zivilisierten Leben einige unserer Frauen terrorisiert und uns Männern der europäischen, christlichen Kultur damit mit uraltem Eroberer-Ritual quasi den Krieg erklärt.

Heute lese ich in Düsseldorf und anderswo werden Bürgerwehren aufgestellt. Belästigungen aller Art durch hormongesteuerte unter Lagerkollern leidenden nicht ausgelasteten, jungen männlichen erwachsenen Flüchtlingen in Armeestärke (immerhin sind 70% aller „Flüchtlinge" Männer) finden auch anderen Orten ständig statt. Ich lese heute auch mit großer Ernüchterung die alten, der westlichen Kultur Kriegs erklärenden Zitate eines gewissen Ayatollah Khomeini, dem ausgerechnet unsere engsten europäischen Verbündeten westlich des Rheins den Boden zum Start der islamischen Revolution namentlich der Errichtung eines islamischen Staates geebnet haben. Ich lese davon, der „Clash of Cultures" sei jetzt auf der Straße angekommen. Ich lese dies und das und da ist nichts Beruhigendes mehr.

Es ist meine über Jahrzehnte ausgebildete doch schon seit einiger Zeit schwer zu verteidigende Toleranz, die nun endgültig missbraucht wurde. Der feixende Mob auf den Stufen des christlichen Doms in Köln hat sich an meinem guten Willen vergriffen, er fordert mich auf, meine Fairness gegen Migranten, ja sogar von Flüchtlingen aufzugeben, mein Verbot von Verallgemeinerungen zu umgehen. Er sorgt dafür, dass ich mich beim Verlassen von Großstadtbahnhöfen dabei beobachte wie ich Witterung aufnehme wie ein Tier und nach allen Seiten sichere. Ich habe also Angst. Ich empfinde eine Überzahl an afrikanisch-arabisch anmutenden Männern auf der Straße inzwischen irgendwie abstoßend. Irgendwie weigert sich nun sogar mein Kopf zu denken und rechten, ich will Vergeltung und Strafe. Ich will, dass der deutsche Rechtsstaat Landesverweise durchsetzt. Und zwar schnell. Zeichen setzend. Und die Waschlappenpolitik der grünlinkskonservativfeministischen Wähler-stimmen fangenden Multikultifantasten endlich aufhört. Ich will auch, dass diese Leute denen nicht immer regelrecht der rechtstaatliche Prozess gemacht werden kann, obgleich die Zusammenhänge genauso klar sind wie die durch den verantwortungsvollen Finanzbeamten erahnten Regelverstöße bei meiner letzten Steuerschätzung, des Landes verwiesen werden, genauso wie meine geschätzte Steuerschuld nachdrücklich eingetrieben wird. Und zwar gleich. Ohne Aufschub. Ohne Gelegenheit für Rechtshandwerker, hier noch mitzuverdienen. Ich will die Rote Karte für die Vergewaltiger und Diebe unserer Toleranz, unseres Vertrauens. Haut einfach ab, ob ihr drei Jahre hier lebt oder drei Wochen oder drei Tage. Nicht nur aus Deutschland. Aus Europa, weil Europa unsere Heimat ist.

Ich habe wie die meisten von uns einige Frauen in der Familie. Großmütter, Mütter, Frauen, Töchter. Die wir irgendwie verehren. Zum Beispiel am Muttertag. Am Valentinstag. Das kennt ihr nicht und wer weiß wie lange es dauert, bis ihr das endlich lernt. Ich bin nicht stolz auf meine Gefühle, hätte nicht für möglich gehalten, dass meine Haltung gegenüber denen, die zu uns strömen, um sicherer und besser zu leben, so vergewaltigt würde. Ich bin verzweifelt. Ratlos. Haltlos. Da ist Wut. Ein komplizierter Bruch.

Ich will, dass unsere Töchter und Söhne in der gleichen schönen Welt aufwachsen und an sich selbst wachsen können wie wir.

Treffen wird mein Widerwille deshalb vor allem Unschuldige. Nicht nur ich werde mit gutem Willen, mit Empathie und Verständnis weniger freigiebig sein. Es wird Mühe kosten, den Impuls des Missbehagens und des Verdachts zurückzudrängen. Mindestens eine ganze Weile."

Die Autorin

Henriette Hasenclever lebt unter Pseudonym in der Provinz. Irgendwo in Deutschland. Ihr Name ist bewusst nicht Hase. Henriette (ungefähr 55) ist nämlich clever. Das schönste an Henriette ist aber nicht, dass sie fabelhaft aussieht, sondern dass sie auch täglich "ihren Mann" in einem ganz normalen, aber anstrengenden Beruf steht und hin und wieder hintersinnige Gedanken zum Tagesgeschehen, zur Gesellschaft und zum politischen Geschehen entwickelt. Gedanken, die sie nicht für sich behalten will.

Weitere Bücher, die bei uns erschienen sind:

Ein Denkmal für Otto Scholl - Golfclubsatire in
zwei Akten / Autor: Ulf Bogy / Erschienen 2015 /
180 Seiten Paperback /
ISBN 9 7837386 13902

Festspiele – Grüner Hügel für Outsider von A-Z /
Autor: Hagen Ruhreuther / Erschienen 2015 /
143 Seiten Paperback mit Abbildungen /
ISBN 9 783738 634235

Besuchen Sie uns auch im Internet:

www.echtwerk.de